Giacomo Bruno & Viviana Grunert

LA NUOVA LEGGE DI ATTRAZIONE

Come Trasformare i Tuoi Sogni

in Obiettivi Concreti e Realizzabili

Titolo

"LA NUOVA LEGGE DI ATTRAZIONE"

Autore

Giacomo Bruno & Viviana Grunert

Editore

Bruno Editore

Sito internet

www.brunoeditore.it

Sommario

Introduzione

Il libro *The Secret* di Rhonda Byrne ha venduto milioni di copie e ha diffuso in tutto il mondo il concetto di "legge di attrazione". Essa recita che se tu desideri fortemente qualcosa, allora si realizzerà quasi per magia; l'universo ti aiuterà a raggiungere i tuoi desideri e ti permetterà di attrarre proprio le risorse di cui hai bisogno.

Noi crediamo che tutto questo sia assolutamente vero, che quando tu ti focalizzi su un particolare sogno o obiettivo, allora in qualche modo si realizzerà.

Napoleon Hill diceva: «Qualsiasi cosa l'uomo può immaginare, la può realizzare».

Antohny Robbins parla di "sistema attivante reticolare", per intendere che quando la mente umana è focalizzata su un desiderio, allora semplicemente noterà eventi, persone e discorsi correlati a quel desiderio.

Deepak Chopra parla di "coincidenze" e fisica quantistica.

Il senso è sempre lo stesso: più ci concentriamo su qualcosa e più questa diventa vicina, concreta e realizzabile. E fin qui ci siamo. E la pratica? Come si mette concretamente in pratica la legge di attrazione? Possiamo fare qualcosa per aiutare l'universo ad aiutarci nel realizzare i nostri sogni?

La "Nuova Legge di Attrazione" che abbiamo ideato unisce le tante teorie sull'attrazione all'elevata pragmaticità della Programmazione Neuro-Linguistica (PNL), la scienza che da oltre trentacinque anni studia l'eccellenza umana. Sai qual è la differenza tra un sogno e un obiettivo concreto e realizzabile? La pianificazione; la misurabilità; la data entro la quale raggiungerlo. Questo significa che se tu pianifichi bene i tuoi sogni, essi si realizzeranno concretamente.

In PNL esiste una precisa formulazione degli obiettivi, seguendo la quale si può imparare a prefissarli nel modo più appropriato. Ad esempio, per prima cosa un obiettivo deve essere espresso in maniera positiva. Se il tuo sogno è quello di cambiare lavoro, non esprimerlo dicendo: «Non voglio più fare quello attuale», perché così facendo espliciterai ciò che "NON vuoi fare" e non ciò che "vuoi fare". E come sappiamo, se ti concentri su una cosa, sarà proprio quella a realizzarsi.

Per avere ben chiara la direzione verso la quale intendi procedere devi sapere dove vuoi andare; ecco perché parleremo di stato attuale, ossia la situazione in cui ti trovi oggi, e di stato desiderato, cioè quella che vorresti raggiungere. Stabilendo questi due punti avrai una direzione da seguire e dovrai solo trovare il modo per fare questo spostamento, cominciando dal verificare le risorse che hai a disposizione. Definendolo nella maniera giusta, e aggiungendo azione e una grande strategia, potrai raggiungere il tuo obiettivo molto più velocemente ed efficacemente.

Si dice che ci siano due tipi di falliti nella vita: *coloro che agiscono senza pensare* e *coloro che pensano senza agire*. Ma con la Nuova Legge di Attrazione diciamo che è necessario pensare positivamente, agire e avere una strategia forte, chiara e anche molto flessibile, in modo da sperimentare diverse modalità per raggiungere il proprio obiettivo, fino a trovare quella giusta.

La Nuova Legge di Attrazione si integra bene anche con la "Teoria dei sei bisogni" di Anthony Robbins, uno dei più grandi motivatori del mondo. Secondo questa teoria, che sono sicuro troverai molto interessante, ognuno di noi ha sei bisogni fondamentali che le nostre azioni possono soddisfare o non soddisfare.

Se provi ad analizzare le cose che ami o non ami fare, ti accorgerai, infatti, che i tuoi bisogni vengono soddisfatti in entrambi i casi; quindi, accade anche per le cose che non ti piace fare, spesso in maniera nascosta. Questo perché entrano in gioco i cosiddetti "vantaggi secondari", come quando si associa al concetto di malattia l'affetto dei parenti o degli amici. Attraverso lo studio dei bisogni potrai capire come e quanto motivarti e come motivare gli altri.

Ma se vuoi davvero realizzare i tuoi sogni, allora, secondo la Nuova Legge di Attrazione, non puoi prescindere dalle convinzioni; queste sono il tramite tra i bisogni e ciò che poi effettivamente facciamo e realizziamo. Ad esempio, un lavoro è uguale per tutti, i bisogni sono uguali per tutti, ma ciò che fa la differenza è il legame che si crea tra lavoro e bisogni, dato proprio dalle convinzioni. Quindi, se hai la convinzione che attraverso il tuo lavoro puoi soddisfare un certo bisogno, il tuo lavoro ti motiverà tantissimo; al contrario, una convinzione opposta può farti vivere il lavoro come una cosa noiosissima.

Attraverso lo studio dei bisogni umani e delle convinzioni limitanti o potenzianti che tutti abbiamo, possiamo veramente avere il controllo della nostra motivazione e della nostra capacità di ottenere risultati.

Se io e Viviana abbiamo deciso di scrivere insieme questo libro è perché è grazie alla Nuova Legge di Attrazione che siamo riusciti a costruire negli anni un solido rapporto di coppia e una grande complicità. Perciò ci auguriamo insieme che tu possa essere coinvolto al massimo dalla lettura di questa guida e dagli esercizi che ti proporremo.

Buona lettura!

Giacomo Bruno & Viviana Grunert

GIORNO 1:
Realizzare i tuoi Sogni

Quante persone si perdono nei loro sogni? Quante persone hanno la forte convinzione che i sogni rimarranno tali per il resto della vita? In realtà un sogno altro non è che un obiettivo, magari a lungo termine, che si può pianificare e realizzare.

Da un'indagine statistica svolta in America è risultato che la maggior parte delle persone, circa il 97 per cento, non pianifica i propri obiettivi. La cosa interessante è che sembra che il restante 3 per cento, pianificandoli, ottenga in dieci anni il 97 per cento dei risultati dell'intera popolazione. Ciò sembra rispecchiare il cosiddetto "principio di Pareto", noto anche come Legge 80/20, secondo il quale la maggior parte degli effetti deriva da un numero ristretto di cause. Nella vendita, ad esempio, si dice che il 20 per cento dei venditori produca l'80 per cento di fatturato e, viceversa, che l'80 per cento dei venditori produca solo il 20 per cento del fatturato.

Lo stesso principio viene applicato nella gestione del tempo. L'80 per cento del nostro tempo è dedicato al 20 per cento dei risultati, e invece quel 20 per cento di tempo ben speso ti porta all'80 per cento dei risultati. Puoi notarlo nella tua vita. Quanto tempo trascorri svolgendo attività veramente importanti? Poco, ma è quella piccolissima percentuale di tempo che passi concentrato e attento a farti ottenere la maggior parte dei risultati. Questo è un principio generico: 80 e 20 sono numeri di massima. Nella statistica svolta in America, ad esempio, i numeri 3 e 97 rendono ancora più evidente il distacco, e nel caso specifico indicano quanto sia importante concentrarsi sulle attività più produttive, quelle che rendono di più.

Tutto ciò vale anche nella vendita dei prodotti, in quanto alcuni si vendono molto più di altri; magari un singolo prodotto crea l'80 per cento del fatturato, mentre tutti gli altri messi insieme producono solo il 20 per cento. Conoscendo questa legge ed effettuando un attento studio, si può decidere di orientarsi su prodotti che siano redditizi senza perdere inutilmente tempo con altri. Puoi fare la stessa cosa con la tua vita, in particolare con gli obiettivi che ti prefiggi e che vuoi attrarre a te.

Ognuno di noi dedica un po' del suo tempo alla pianificazione degli obiettivi che intende perseguire nell'arco della giornata, di un mese, di un anno, e sono proprio questi di solito a portare a risultati concreti. È fondamentale trovare qualche minuto, che sia una volta al giorno o alla settimana, per controllare e verificare i propri obiettivi, le proprie strategie, le proprie azioni, per essere sicuri di mantenere la direzione giusta. Basta veramente poco per raggiungere grandissimi risultati.

SEGRETO n. 1: secondo la Nuova Legge di Attrazione il sogno non è che un obiettivo e, quindi, si può realizzare se ben pianificato.

Molti pensano che nei corsi di *Motivazione* e in quelli dedicati agli *Obiettivi* si parli solo di pensiero positivo. Sicuramente è meglio credere nelle proprie risorse e capacità piuttosto che affermare: «Non ce la farò mai, è inutile che io mi impegni». Ma ripetersi che va tutto bene e fingere che i problemi non ci siano non basta, anzi può essere controproducente. La vita quotidiana è ricca di imprevisti, spesso spiacevoli, ed eventi e incontri negativi possono alla lunga portare al cedimento dei propri sforzi. Pensare senza agire sicuramente non basta, così come agire senza pensare porta al fallimento. Con la Nuova Legge di Attrazione, per raggiungere dei risultati servono *azione* e *strategie*. In questa guida troverai molte strategie tese a far sì che i tuoi sogni diventino realtà.

Pensa, ad esempio, alla mosca che sbatte sul vetro una, due, dieci volte e alla fine rimane lì perché non riesce a uscire. Qualche giorno fa avevo una mosca in ufficio che continuava a sbattere sul vetro perché non riusciva a trovare la via d'uscita; visto che mi procurava anche un certo fastidio, alla fine sono stato io ad aprire la finestra per farla uscire. Ma non sempre possiamo aspettarci l'intervento esterno di qualcuno disposto ad aiutarci; anzi, nella maggior parte dei casi, ciò non avviene.

L'azione quindi è sicuramente necessaria, unitamente al pensiero positivo e a una giusta strategia. Sono questi gli ingredienti che fanno veramente la differenza e ci permettono di raggiungere gli obiettivi, di ottenere risultati concreti.

SEGRETO n. 2: la principale differenza tra la legge di attrazione e la Nuova Legge di Attrazione è che nel perseguire il proprio obiettivo è necessaria l'azione.

Ci sono libri su questo argomento in cui si viene invitati a scrivere i propri obiettivi. Questo è certo il primo passo, ma non deve essere l'unico; bisogna *condizionarsi nel tempo*, seguire una strategia, pianificare, se non ogni giorno, almeno ogni settimana, ogni mese, purché ci sia un percorso e non solo un corso. Ecco perché al termine delle mie giornate di formazione dico sempre: «Il vero corso inizia domani mattina, quando vi troverete nella routine quotidiana a contatto con le solite persone». Se non siamo condizionati e non abbiamo già deciso la nostra strategia, finiremo per perderci. Lo stesso accade a chi gioca in Borsa. Se non ha fissato una strategia e si lascia prendere dall'emozione del momento, finirà per sbagliare, per perdere soldi; è garantito.

La tradizionale legge di attrazione o il pensiero positivo, quindi, possono anche andare bene, purché seguano ad essi un'azione concreta e una strategia di supporto che orienti le azioni a seconda delle situazioni specifiche. Questo è ciò che fa la differenza nella Nuova Legge di Attrazione.

Mi è capitato, ad esempio, di avere un caso di tonsillite in famiglia, curata con iniezioni di penicillina, un farmaco molto forte e con diversi effetti collaterali. Dopo quattordici somministrazioni la tonsillite non era ancora passata. Cosa ha fatto il medico? Ha detto: «Bene, qualche miglioramento l'hai avuto, ma l'infiammazione c'è ancora; anziché due iniezioni al giorno, fanne tre». Ma come, la terapia non stava funzionando e il medico insisteva a somministrare la stessa medicina, aumentando addirittura la dose? Dopo alcuni giorni la persona affetta da tonsillite è stata portata al Pronto Soccorso d'urgenza, a causa degli effetti collaterali procurati proprio dall'eccessiva somministrazione del farmaco.

Quindi, la regola del successo consiste nell'avere un piano e agire seguendo una strategia, ma con flessibilità. Se quella che stai provando non funziona, tentane un'altra, senza sentirti un fallito, ma semplicemente accogliendone l'insegnamento.

Impara dal tuo errore in modo da non ripeterlo e pensa che ti stai avvicinando sempre di più al tuo obiettivo, al tuo risultato. Edison, inventore della lampadina, fece diecimila tentativi prima che la lampadina funzionasse, ma era talmente convinto di ciò che voleva raggiungere da considerare i suoi esperimenti non come fallimenti bensì come diecimila passi verso la sua invenzione. Ecco cosa significa percepire un mancato risultato come un insegnamento.

Se impari dagli errori che hai fatto, e sicuramente sbagliare è umano, gli insegnamenti tratti dalle tue esperienze ti aiuteranno a raggiungere il tuo risultato; se hai l'obiettivo chiaro nella tua mente, perché magari lo hai scritto, lo hai visualizzato bene, alla fine lo raggiungerai. Accadrà perché se non riuscirai ad avvicinarlo da un lato, proverai dall'altro, fino a trovare la strategia giusta e i tentativi falliti saranno solo passi in avanti verso il risultato.

La maggior parte delle persone si lascia scoraggiare dai fallimenti, è normale e umano. Ma voglio farti qualche esempio di persone che non si sono lasciate abbattere dagli ostacoli che hanno incontrato. Chiunque di noi volesse chiedere un prestito in banca, al secondo o terzo rifiuto probabilmente rinuncerebbe. Walt Disney aveva un obiettivo così definito e una visione talmente chiara dell'enorme parco giochi che voleva creare, dove bambini e adulti si potessero divertire, da recarsi presso trecento Banche per chiedere un finanziamento, ottenendo sempre rifiuti. La trecentunesima Banca a cui si rivolse finalmente accettò. Ecco cosa vuol dire perseveranza nonostante un fallimento.

Non tutti sanno che i direttori di banca cercarono di dissuaderlo dalla sua idea, credendo fosse inconcepibile l'esistenza di un parco in cui fosse necessario pagare l'entrata. Ma Walt Disney aveva in mente un obiettivo molto ben definito e riuscì nel suo intento; il moltiplicarsi di parchi del genere in giro per il mondo dimostra il grandissimo successo di questa iniziativa. Io ci sono stato diverse volte, in varie parti del mondo, e devo dire che lo spettacolo è sempre bellissimo, anche se alcuni parchi sono identici tra loro.

Pensa che quando il primo parco è stato inaugurato Disney non c'era più; all'inaugurazione era però presente suo figlio –

qualcuno dice suo fratello – al quale un giornalista disse: «Suo padre però non è qui, peccato che non l'abbia potuto vedere realizzato!» Lui rispose: «Mio padre l'ha visto molto prima di tutti noi, nella sua mente». Ecco il potere della visualizzazione dei propri obiettivi. Per questo è importante scriverli, e in questa guida ti inviterò a farlo perché al termine della lettura tu abbia qualcosa di concreto in mano con cui affrontare la vita quotidiana.

SEGRETO n. 3: la "regola del successo" consiste nell'avere un piano e agire seguendo una strategia, ma con flessibilità.

La Nuova Legge di Attrazione non è solo un insieme di teorie, ma qualcosa che va sperimentato su se stessi per verificare ciò che funziona. Essa nasce, secondo i principi della PNL, dalle tecniche estratte da persone che sono riuscite a raggiungere i propri obiettivi; ciò che hanno in comune è di aver scritto i propri obiettivi con una determinata formulazione. Spesso, infatti, come ti ho detto, gli obiettivi vengono formulati male. Mi capita di frequente che qualcuno venga da me per fare una sessione di coaching e alla domanda: «Qual è il tuo obiettivo? Cosa ti aspetti da me in questa sessione?», risponda dicendo: «Voglio cambiare lavoro; non sono più soddisfatto del mio lavoro».

Formulazioni di questo tipo sono troppo generiche, in quanto si basano sull'andare "via da", cioè allontanarsi da qualcosa, anziché sul raggiungere una meta, e soprattutto non danno una direzione, in quanto sono espresse in negativo. Per formulare bene un obiettivo è invece essenziale che tu sappia cosa vuoi, per poterlo esprimere in positivo. Se non sai dove vuoi andare, non potrai scegliere una rotta, potrai solo affermare: «Non voglio più stare qui». Purtroppo, in questo modo, non avrai una direzione e rischierai di peggiorare la situazione. Per prima cosa, quindi, l'obiettivo deve essere formulato in positivo. Per quanto possa apparire banale, una delle cose che mi capita più spesso è di dover correggere frasi come: «Non voglio più fare questo lavoro», «Non voglio più trovarmi in questa situazione sentimentale», o ancora «Non voglio più uomini di questo tipo», che non consentono una buona formulazione dell'obiettivo.

Esprimendoti in questo modo, continuerai a concentrarti su ciò che non vuoi e non otterrai nulla. Ti è mai capitato di cominciare a notare un certo modello di macchina solo nel momento in cui viene acquistata da te, da un tuo parente o da un tuo amico? Fino a quel momento non l'avevi mai notata e improvvisamente ti sembra di vederla dappertutto. Oppure stai cercando una farmacia senza trovarla, finalmente ne vedi una e pian piano ti rendi conto che ce ne sono molte altre che ti appaiono improvvisamente, comparse chissà da dove.

SEGRETO n. 4: un buon obiettivo deve essere formulato in positivo, altrimenti non ci indica la direzione da seguire.

La Nuova Legge di Attrazione ha studiato proprio questi meccanismi cerebrali, scoprendo che quando ci interessiamo a qualcosa, quando abbiamo un obiettivo chiaro in mente, ben formulato, cominciamo a espandere la nostra percezione, vedendo dappertutto la cosa che ci interessa o ciò che riguarda quell'obiettivo. Questo processo è chiamato "**sistema attivante reticolare**", ma il nome poco importa, ti basta sapere che è un meccanismo cerebrale che entra in azione quando il tuo focus mentale è attivato.

Ma se invece sai dove stai andando e sei focalizzato su una direzione precisa, appena ti capiterà un'opportunità la coglierai. Deepak Chopra, guru del benessere psicofisico, durante un corso che abbiamo seguito, ci ha parlato della sua teoria a proposito del fatto che le coincidenze, il "sincrodestino", derivino da una visione universale. Lui ci ha trasmesso questa suggestione dicendoci: «Fateci caso: da oggi in poi si verificheranno molte coincidenze e questo perché avete attivato il vostro focus mentale». Ed effettivamente è stato così. Ricordo che nelle due giornate successive abbiamo notato un'infinità di coincidenze che hanno poi avuto delle conseguenze enormi sulla nostra vita.

Ad esempio, al corso ho incontrato una giornalista che non conoscevo che, avendo visitato il mio sito, mi ha proposto subito di pubblicare un articolo cui ne sono seguiti altri. Si erano verificate improvvisamente una serie di coincidenze? No, avevo solo focalizzato la mia attenzione su di esse. Tutti i giorni ce ne capitano a decine, ma non ci facciamo caso finché non attiviamo il nostro focus mentale. Focalizzare la propria attenzione su un obiettivo significa decidere prima di tutto in che direzione vuoi andare. Non basta dire: «Voglio cambiare vita», così, tanto per uscire dalla propria **zona di comfort**, ovvero la "zona" psicologica fatta di situazioni in cui ci si trova a proprio agio. Devi avere una direzione verso la quale procedere, altrimenti rischierai di trovarti disorientato, e questo penso sia capitato a tutti in un momento o l'altro della vita, sicuramente durante l'adolescenza.

Quando devi scegliere una scuola o la facoltà da frequentare all'Università, a meno che tu non abbia le idee molto chiare e dica: «Voglio fare il medico» o «Voglio fare l'avvocato», rischi di affidarti a convinzioni mutuate da altri o maturate a scuola, come ad esempio: «Faccio ingegneria perché mi piace la matematica», per poi renderti conto che non corrispondono alla tua vera identità.

In questi casi manca l'**allineamento**. Ecco perché è fondamentale stabilire per prima cosa la propria direzione e poi gli obiettivi da raggiungere che andranno collocati su questa linea. Avere chiara la propria direzione significa, quindi, poter porre i propri obiettivi a lungo, medio e breve termine in una stessa direzione. Raccomando sempre: «Attento a non salire la scala del successo per poi accorgerti solo alla fine di averla poggiata sulla parete sbagliata». Può succedere di darsi da fare per raggiungere un obiettivo, ad esempio la ricchezza, di orientare tutta la propria vita al suo perseguimento, e di accorgersi poi che non era veramente ciò a cui si aspirava. Mi è capitato di lavorare con un uomo che aveva un successo finanziario e professionale enorme ma che era privo di una famiglia. La moglie lo aveva abbandonato e i figli non li sentiva più. Aveva curato eccessivamente una parte della sua vita tralasciandone un'altra. Questo capita quando non sono chiari i valori in cui crediamo. Dinanzi al proprio obiettivo bisogna poter dire: «Questo è veramente quello che voglio, rispecchia i miei valori, la mia missione personale, la mia visione». Questo tipo di esercizio si fa soprattutto nei corsi di leadership, in cui è fondamentale partire da un allineamento personale.

Ciò che fa la differenza è raggiungere la soddisfazione di bisogni e valori ritenuti importanti. Il denaro, ad esempio, viene spesso ritenuto un valore cui aspirare, ma in realtà è un "valore-mezzo", uno strumento per raggiungere altri fini, per esempio soddisfazione e realizzazione professionale, o poter dare una casa alla propria famiglia. Anthony Robbins, grandissimo formatore internazionale e numero uno nel campo della motivazione, sottolinea quanto anche la fisiologia e la postura possano aiutarci a sentirci più motivati a raggiungere i nostri obiettivi, e afferma: «Non basta neanche stare con il petto in fuori. Tendetelo al cielo, saranno quei due millimetri in più che faranno la differenza, che vi faranno sentire carichi e ossigenati». Quando il cervello riceve più ossigeno, infatti, viene stimolata anche la produzione di ormoni che ci fanno sentire bene; ecco una piccola differenza che può nascere da due soli millimetri in più.

A questo proposito voglio raccontarti un aneddoto basato su un episodio accaduto alla FedEx, la Federal Express, una delle più famose e importanti società di spedizioni a livello mondiale, con un fatturato elevatissimo, la numero uno in America. Immagina gli enormi stabilimenti aziendali, pieni di macchinari, in cui quasi tutto il lavoro è automatizzato. Un giorno si blocca ogni cosa, improvvisamente saltano tutti i meccanismi e i nastri su cui scorrono i pacchi si fermano. Arriva il presidente disperato perché sta perdendo qualcosa come 100.000 dollari al minuto e chiama subito i tecnici. Uno di loro arriva, molto tranquillo, con la sua divisa; si guarda intorno, dà un'occhiata ai macchinari e si mette a pensare.

Pochi minuti dopo dice: «Bene, forse ho capito», si fa accompagnare in sala macchine, si dirige deciso verso una vite, dà una mezza girata e tutto ricomincia a funzionare. Il direttore contentissimo dice: «Sei un genio, bravissimo, quanto ti devo?» E il tecnico risponde: «Sono 10.000 dollari». Il presidente, sbigottito, replica: «Come? 10.000 dollari! Va bene che io sto perdendo un sacco di soldi, ma non per questo ti devi approfittare della situazione. Facciamo così: nella fattura relativa al lavoro scrivimi in dettaglio tutto ciò che hai fatto». Il tecnico presenta la fattura, il presidente della società la legge, rimane sbalordito e la passa alla segretaria alla quale dice: «Bene, paghi questa persona e gli dia anche una mancia di 1000 dollari». Vuoi sapere cosa c'era scritto su quel foglio?
Girare la vite = 1 dollaro
Sapere quale vite girare = 9.999 dollari.

Spesso la differenza è data dal sapere, dalla conoscenza; chiunque avrebbe potuto girare quella vite, il presidente stesso o qualsiasi altro tecnico, ma è stato il sapere quale vite girare che ha portato alla soluzione del problema. Ugualmente possiamo dire che chiunque è in grado di assumere una postura con le spalle larghe e il petto in fuori, ma per farlo consapevolmente, tanto da riuscire a mantenerla, ossigenando di più il cervello con tutti i vantaggi che ciò comporta, è necessario essersi abituati a farlo. Anthony Robbins in uno dei suoi corsi ha fatto una dimostrazione interessante, il cui scopo era estrarre delle strategie di seduzione che rispecchiassero esattamente le aspettative di una ragazza che era tra i partecipanti. Alla fine dell'esercizio camminava esattamente come a lei sarebbe piaciuto, la guardava nel modo in cui lei avrebbe voluto e la ragazza aveva un'espressione estasiata, coinvolta, innamorata. Veramente uno spettacolo! Ecco come i dettagli possono cambiare le situazioni.

Il tecnico della FedEx in pochi minuti ha risolto un problema che stava facendo perdere milioni di dollari alla società perché era esperto, e le conoscenze hanno un valore. Pensa al mondo della formazione e della consulenza, interamente basati sul passaggio di conoscenze.

SEGRETO n. 5: se sai dove stai andando e sei focalizzato su una direzione precisa, non appena ti capiterà un'opportunità sarai pronto a coglierla.

Sono piccoli dettagli che secondo la Nuova Legge di Attrazione fanno una grande differenza, così come quella parola in più che fa vendere un prodotto o che riesce a sedurre; e saranno quei minuti in più che dedicherai a te stesso per pianificare i tuoi obiettivi a fare la differenza, perché ti porteranno a ottenere risultati veri. Credo che il raggiungimento di obiettivi concreti sia quello che ognuno di noi desidera.

RIEPILOGO DEL GIORNO 1:

- SEGRETO n. 1: secondo la Nuova Legge di Attrazione il sogno non è che un obiettivo e, quindi, si può realizzare se ben pianificato.
- SEGRETO n. 2: la principale differenza tra la legge di attrazione e la Nuova Legge di Attrazione è che nel perseguire il proprio obiettivo è necessaria l'azione.
- SEGRETO n. 3: la "regola del successo" consiste nell'avere un piano e agire seguendo una strategia, ma con flessibilità.
- SEGRETO n. 4: un buon obiettivo deve essere formulato in positivo, altrimenti non ci indica la direzione da seguire.
- SEGRETO n. 5: se sai dove stai andando e sei focalizzato su una direzione precisa, non appena ti capiterà un'opportunità sarai pronto a coglierla.

GIORNO 2:

Pianificare il tuo Stato Desiderato

Lo stato attuale è il presente, quello che sei oggi, il tuo eventuale problema, le tue convinzioni e risorse attuali, l'ambiente che frequenti, i comportamenti che assumi, le capacità che hai, i valori in cui credi. Lo stato desiderato è l'obiettivo che vuoi raggiungere, la persona che vuoi diventare, le convinzioni che vuoi avere, le capacità e i comportamenti che vuoi acquisire, l'ambiente che vuoi frequentare.

STATO PRESENTE → STATO DESIDERATO

Ad esempio, nella frase: «Non mi piace il lavoro che svolgo, non voglio più fare il commerciante, voglio fare il pilota», «non voglio più fare il commerciante» è lo stato attuale, e ci saranno delle convinzioni sul mestiere di commerciante che motivano la volontà di cambiare lavoro. Il vero obiettivo, cioè lo stato desiderato, è invece «voglio fare il pilota».

Come vedi, perché sussista una direzione, una retta, una linea da percorrere, è necessario avere due punti. Questo ce lo dice la geometria, non la PNL. Hai un punto di partenza, lo stato attuale, e un punto di arrivo, lo stato desiderato. Quando hai una direzione non puoi sbagliare, non puoi fallire, male che vada dovrai raddrizzare la rotta, come avviene su una nave. Se il mare la sposta leggermente, basterà raddrizzare il timone e proseguire nella direzione stabilita. Questa è la Nuova Legge di Attrazione.

Se hai un obiettivo definito e chiaro e sai dove andare, anche se una persona ti tratta male, un rapporto finisce o altro, la tua rotta rimane quella. Tra lo stato attuale e lo stato desiderato ci deve essere un percorso.

Sono molti i coach professionisti che potrebbero aiutarti in questo percorso, trasportandoti dallo stato attuale al tuo obiettivo, quindi allo stato desiderato. Potresti chiedere l'aiuto di un coach, che può essere considerato una risorsa esterna, oppure ricorrere a tue risorse interne, richiamandoti a quella volta in cui, ad esempio, hai raggiunto un determinato obiettivo mettendoci tutta la passione possibile. Dentro di noi abbiamo tantissime risorse a cui possiamo accedere quando vogliamo semplicemente recuperando il ricordo delle situazioni in cui le abbiamo possedute.

Tutto ciò che hai già vissuto rappresenta quindi una risorsa disponibile dentro di te. Basta unirlo all'azione. Come ti dicevo prima, chi pensa senza agire non va da nessuna parte, è un fallito, perché non basta pensare: ci vuole anche l'azione. Con le tue risorse, l'azione e le dovute strategie arriverai al tuo obiettivo, al tuo stato desiderato.

Non posso dirti che ci arriverai "sempre", perché è un termine che non usiamo in PNL, ma "quasi sempre", a meno che non ci siano gravissimi impedimenti o che l'obiettivo sia stato mal formulato; in questo caso rischierai di non raggiungerlo o di non accorgerti di averlo raggiunto.

SEGRETO n. 6: lo stato desiderato è l'obiettivo che vuoi raggiungere partendo dal tuo stato attuale, ossia la situazione che vivi attualmente.

Chissà quanti obiettivi hai soddisfatto nella tua vita senza festeggiarli perché non te ne sei accorto. Prova a pensare qual era la tua situazione un anno fa e a dire: «Ah, tutto sommato la vita di oggi non è male». Per esserne veramente consapevole dovresti aver scritto gli obiettivi che ti eri prefissato, aver fatto il quadro della situazione di un anno fa e di quella attuale, per analizzarne le differenze. Questo lavoro di scrittura, e quindi di consapevolezza, si fa anche per prendere un impegno con se stessi. Non a caso una delle armi di cui si apprende l'uso nel corso sulla persuasione è il **principio di coerenza**, ossia essere coerenti con se stessi, con le proprie decisioni, con i propri impegni, con ciò che si dice.

Scrivere un obiettivo è il primo passo della Nuova Legge di Attrazione per andare nella direzione desiderata. Un impegno scritto, infatti, è più forte di uno solo pronunciato a voce, che comunque sarebbe già un inizio importante, perché normalmente non definiamo assolutamente i nostri obiettivi. Farlo significa anche che se qualcosa andrà storto potrai scegliere un altro percorso senza per questo smarrire la tua meta, e alla fine ci arriverai.

Pensa a quanto ti ho detto circa le esperienze di Walt Disney e Edison. Seguendo le nostre strategie, farai la differenza e potrai raggiungere il tuo obiettivo, a patto di averlo chiaro, scritto e formulato bene.

SEGRETO n. 7: scrivere un obiettivo è il primo passo per raggiungerlo, in quanto aiuta ad essere coerenti con se stessi, con le proprie decisioni, con i propri impegni e con ciò che si dice.

Questo schema è importante perché al suo interno puoi inquadrare tutto il lavoro sugli obiettivi. Tienilo sempre a mente, per poter ricordare, in ogni momento di difficoltà, dove ti trovi e dove vuoi arrivare. In questo modo non farai mai riferimento al passato in maniera negativa. Molte persone, infatti, si bloccano nel raggiungimento dei propri obiettivi perché pensano ai fallimenti del passato, ai traumi subiti, a un'infanzia infelice. Tutto ciò non permette di porsi in uno stato d'animo adatto a raggiungere gli obiettivi, né a formularli bene, visualizzarli, tanto meno a sentirli emotivamente.

Con questo schema, ma in generale con tutto il lavoro di coaching, il passato non serve a niente se non a trarne insegnamenti e risorse. È fondamentale imparare a farne un uso potenziante e non limitante, come accade quando si conserva la memoria solo di fallimenti, traumi e problemi. Il passato è invece ricco di risorse, perché molte volte nella vita siamo anche stati felici, fortunati, certi, sicuri, fiduciosi e abbiamo raggiunto degli obiettivi che possiamo utilizzare come risorse.

In questo lavoro si considerano solo l'oggi e il domani: oggi sono qui, domani voglio arrivare lì. Cosa devo fare? Come faccio ad arrivarci? Queste sono buone domande. In PNL ci chiediamo "come" non "perché". Se ti trovi in uno stato attuale negativo e ti chiedi perché, inevitabilmente tornerai nel tuo passato. Se ti chiederai invece: «Come faccio a uscirne?» andrai nel futuro, verso la soluzione. È importante questa distinzione: il "come" focalizza l'attenzione sulla soluzione, il "perché" approfondisce il problema. Quindi, se hai un problema, con il "come" ti sposterai sulla soluzione, con il "perché" andrai nel passato a cercarne le cause e ciò non ti servirà a nulla. Anzi, ti metterà in uno stato negativo dal quale non riuscirai a raggiungere i tuoi obiettivi.

SEGRETO n. 8: guarda al tuo passato in modo potenziante, quindi come fonte di risorse, e non in modo limitante, conservando la memoria solo dei traumi e fallimenti vissuti.

Un modo interessante e utile per valutare il tuo stato attuale e quello desiderato è usare la **ruota della vita** che puoi vedere nel grafico.

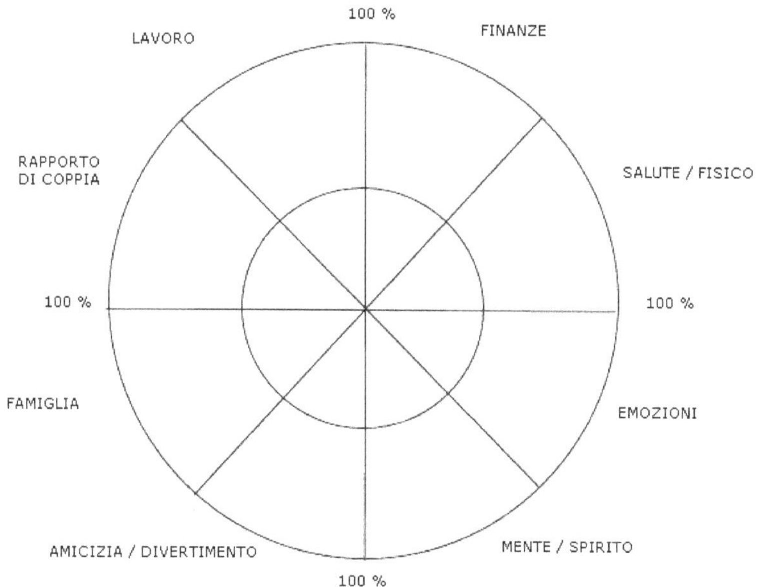

Essa dà la possibilità di valutare la propria vita analizzandone otto settori principali. La divisione che ti proponiamo noi non è l'unica possibile, puoi tranquillamente modificarla. Ho inserito il lavoro, l'amore, la famiglia, gli amici e il divertimento, lo spirito - ossia la crescita spirituale -, le emozioni, la salute e le finanze. Per ciascun settore puoi attribuire una valutazione da zero a 10 in base al tuo grado di soddisfazione.

Ti faccio un esempio. Nel settore finanziario, come te la cavi? Sei sempre in bancarotta e sempre in rosso, oppure sei contento perché sei riuscito a mettere da parte un po' di soldi, anche se il tuo reddito non è altissimo? Diciamo che sei molto contento, per cui ti dai un voto alto, mettiamo 9, e riempi la tua torta colorando lo spicchio finanze per il 90 per cento. Attenzione a non fare l'errore di soffermarti sui contenuti; non è importante quanti soldi hai, perché ci potrebbe essere anche il miliardario che non è contento delle sue finanze, che vuole guadagnare ancora di più e che quindi come valutazione attribuirà 1. La persona che magari guadagna 1000 euro al mese, e però ogni mese riesce a mettere 100 euro da parte, è invece contentissima, magari perché fino a quel momento non era mai riuscita a farlo.

Poi, passiamo al settore del lavoro. Mettiamo che tu abbia qualche problema, ad esempio non vai d'accordo con i colleghi, quindi vorresti cambiarlo; in questa situazione ti dai un 3. Lavori poco, ma in compenso fai molta palestra, ti senti in gran forma; allora nel settore salute ti dai proprio un 10, sei al 100 per cento, e riempi un altro spicchio della ruota.

Riguardo al livello emotivo come va? Mah... passi tutto il giorno in ufficio, sei sempre un po' depresso, per cui ti dai un voto basso, diciamo un 3. Che dire dello spirito? Lavori tutto il giorno, alla sera sei molto stanco, ma il tuo libro di crescita personale non te lo toglie nessuno, e il tuo corso di formazione il sabato e la domenica con Giacomo Bruno è imperdibile! E ti dai un 9. Di amici sei pieno; certo, non tutti sono affidabili, ma un 7 ci sta tutto. La famiglia. Hai due figli bellissimi, vanno male a scuola entrambi, ma li ami talmente tanto che sei felice comunque: ti dai un 10. In amore non va troppo bene, ti dai un 6. Ti è chiaro il meccanismo? Bene, ora prova a riempire la tua ruota.

Perché si chiama ruota, oltre che per la forma? Guarda bene l'aspetto che assume dopo aver riempito gli spicchi come nell'esempio che ti ho appena fatto. Ora, dimmi, metteresti questa ruota nella tua macchina o nella tua bicicletta? Andresti in giro con una ruota del genere, totalmente squilibrata? È necessario trovare un equilibrio tra i vari spicchi e nel fare questo non è importante che siano tutti 10, che sia tutto al 100 per cento.

Osservando la situazione citata come esempio, direi che sarebbe necessario concentrare gli sforzi per cambiare lavoro, forse togliere qualcosa al settore dell'amore e della famiglia. E poi cos'altro? Per gestire le emozioni servirebbe proprio il corso di *Autostima.* Sicuramente già cambiare lavoro aiuterà a sentirsi meglio, perché se si fa una cosa che appassiona la propria vita emozionale migliorerà e quindi la ruota comincerà ad avere un buon equilibrio.

Non è necessario, ripeto, che tutto sia al 100 per cento, anche perché ci sarà sempre qualcosa che non va; ma se dovesse accadere, allora vorrà semplicemente dire che è arrivato il momento di alzare i propri standard. Perché, in realtà, la cosa divertente è che se confronti la tua ruota con quella di cinque anni fa, nella quale, magari, avevi tutti 10, è possibile che tu sia più soddisfatto del tuo attuale 9 nel settore finanziario di quanto non lo fossi del tuo 10 di allora, perché nel frattempo si sono alzati i tuoi standard. Ieri, magari, ti davi 10 perché avevi una paghetta settimanale di 100 euro ed era il massimo che potevi avere da figlio; oggi, con il lavoro, guadagni molto di più di 100 euro a settimana, ma i tuoi standard si sono elevati: oggi vorresti avere 2000 euro al mese.

Se nella tua ruota dovessi arrivare ad attribuire 10 a tutti i settori, questo sarebbe il segnale che è necessario alzare gli standard. Un'altra cosa importante è che tu faccia riferimento alle tue esperienze personali. Se, ad esempio, hai un solo amico, non necessariamente devi attribuire una percentuale bassa al settore dell'amicizia, perché, magari, quell'amico soddisfa tutto il tuo bisogno di amicizia e non senti la necessità di averne altri; puoi anche darti 10, ognuno ha i suoi standard. Ora prenditi cinque minuti e prova a disegnare la ruota che rappresenta il tuo stato attuale.

Accade quasi sempre di non essere per nulla soddisfatti di alcuni settori ed esserlo moltissimo di altri. La ruota, inoltre, permette di prendere consapevolezza degli obiettivi raggiunti e dei progressi compiuti, cosa impossibile se non si ha chiaro quale sia il proprio stato attuale e quello desiderato. Dobbiamo essere sempre in cammino verso qualcosa, altrimenti la vita non avrà più senso; infatti la Nuova Legge di Attrazione dice che non è tanto importante raggiungere l'obiettivo, quanto il percorso che si vive per arrivarci.

È il percorso che crea in te una persona nuova, rafforza la tua identità, ti porta a superare, a vincere le tue sfide; alla fine la cosa più importante non è tanto l'obiettivo quanto la tua crescita. Se arrivi a guadagnare 10.000 euro, pretendine 12.000. Ciò non vuol dire che tu non debba essere soddisfatto di ciò che hai raggiunto, ma solo che è giusto volere di più. Robbins dice: «Non esistono persone demotivate e pigre, ma solo obiettivi demotivanti». Nello stabilire un obiettivo, quindi, fai in modo che sia un po' al di sopra delle tue possibilità, anche se non troppo, perché rischieresti di ottenere solo frustrazione. Fa' che rientri nelle tue possibilità, ma che ti spinga a dare il massimo.

Alla luce di questo, prova adesso a creare la ruota relativa alla tua situazione di cinque anni fa; ripensa a dove eri, alle situazioni che vivevi, a quale ambiente frequentavi, chi eri, quali erano le tue convinzioni, che lavoro facevi. Bene, avrai notato che in questi ultimi cinque anni sono cambiate molte cose.

Ciò che desidero, però, è che tu sia in grado non solo di definire il tuo stato desiderato e i tuoi obiettivi, ma anche che tu sappia festeggiare tutti i tuoi risultati. Probabilmente la maggior parte di quelli che hai ottenuto, a parte quelli più evidenti come una laurea o un avanzamento nella carriera, non li hai neanche festeggiati e questo perché non ti sei accorto di averli conseguiti. I risultati minori spesso sono i più importanti, perché la gratificazione altro non è se non associare piacere all'aver raggiunto un traguardo.

Gratificandoti ti condizionerai ad ottenere risultati, ti condizionerai al successo. Quello che voglio che tu faccia adesso è quindi disegnare la ruota della tua vita tra cinque anni.

Una volta, facendo svolgere questo esercizio durante uno dei miei corsi, una persona mi ha detto: «Pensavo che la mia situazione attuale fosse pessima, perché la mia ruota del momento presente non era un granché, poi ho visto quella di cinque anni prima e ho realizzato che tutto sommato stavo molto peggio. Tutto il cambiamento che c'è stato, i risultati che ho ottenuto da allora sono arrivati senza che io mi fossi impegnata in nulla di particolare, senza avere strategie, senza particolari azioni, senza aver deciso o pianificato i miei obiettivi. Pensa cosa succederà adesso che sto studiando queste cose e che pianificherò i miei obiettivi. Fra cinque anni mi aspetto veramente grandi risultati».

SEGRETO n. 9: non è necessario che nella tua "ruota della vita" tutti i settori siano al 100 per cento; ma se dovesse accadere, allora vorrà dire che è arrivato il momento di alzare i tuoi standard.

Qual è uno dei più grandi vantaggi dell'avere chiari la direzione da percorrere e lo stato desiderato? La capacità di **gestire il tuo tempo.**

	URGENTE	NON URGENTE
	1 - ATTIVITÀ: Crisi Problemi pressanti Programmi in scadenza RISULTATI: Stress, Crisi gestionale, Pressione continua, Salute a rischio	**2** - ATTIVITÀ: Pianificazione Prevenzione Sviluppo di relazioni Individuazione Opportunità RISULTATI: Equilibrio, Controllo, Crescita, Visione
	3 - ATTIVITÀ: Interruzioni Parte Telefonate/Posta Parte Riunioni, Rapporti Faccende urgenti Attività importanti per altri RISULTATI: Focus su obiettivi a breve, relazioni superficiali, obiettivi e progetti privi di validità	**4** - ATTIVITÀ: Faccende banali Parte Telefonate Parte Corrispondenza Gente che fa perdere tempo RISULTATI: Totale irresponsabilità, Dipendenza da altri per necessità primarie, Licenziamento a rischio

Infatti, se tu sai che devi procedere su una determinata strada, nel tuo percorso di crescita non ti farai più distrarre dalle cose che non sono importanti. Se sai cosa è fondamentale per te, se sai dove stai andando e conosci i tuoi obiettivi, coglierai le opportunità giuste e tralascerai le perdite di tempo. E infatti uno degli argomenti più importanti è quello della gestione del tempo. C'è una teoria, in proposito, che risale a Stephen Covey, un altro grande della formazione, nota come la "Teoria dei quattro quadranti", che è esposta nel suo libro *I sette pilastri del successo* (edito da Bompiani; la nuova edizione, edita da Franco Angeli, si intitola *Le sette regole per avere successo*).

Questa teoria si fonda sulla differenza tra "urgente" e "importante", due concetti completamente diversi. Urgente, in particolare, è ciò che dobbiamo fare per forza. Osserva il grafico nelle pagine precedenti. Il primo quadrante è quello delle cose urgenti e importanti, ossia dei momenti di crisi, quelli in cui siamo più stressati, degli impegni o delle persone da cui ci sentiamo pressati. Il quadrante delle cose urgenti ma non importanti comprende invece tutto ciò che pur essendo urgente, perché deve essere preso in considerazione, ci fa perdere tempo inutilmente. In esso rientrano le interruzioni, le telefonate, l'arrivo della posta, le attività importanti per gli altri ma non per noi.

All'interno dell'urgenza è necessario distinguere tra cose importanti e non importanti. Al telefono non bisogna rispondere per forza, qualcuno aspetterà; se arriva un amico, un parente che ti chiede di aiutarlo a fare una cosa, puoi chiedergli di aspettare, perché prima hai cose più importanti da fare. Dai sempre la priorità a ciò che è importante piuttosto che urgente. Un problema come quello verificatosi alla Federal Express, quando si sono bloccati tutti i rulli, come ti ho raccontato nel capitolo precedente, è stato sicuramente un'urgenza, perché la ditta stava perdendo 100.000 dollari al minuto, ma al tempo stesso era molto importante perché riguardava tutto il sistema di lavoro della società.

Tutto ciò che è urgente ma non importante può essere delegato a qualcun altro. Le spedizioni da fare, ad esempio, sono sicuramente urgenti perché ci sarà qualcuno che ha fatto un ordine e attende di ricevere ciò che ha richiesto, ma è una mansione che si può affidare ad altri. Se delle cose urgenti e importanti devi necessariamente occuparti tu, non è così per quelle urgenti ma non importanti, che non sono rilevanti per te e per il tuo obiettivo, i tuoi valori. Cerca quindi di delegarle o, come si dice, di "passare la scimmia" a qualcun altro.

Pensa a quelle situazioni di lavoro in cui qualcuno cerca di passarti un suo problema chiedendoti di risolverglielo. In questi casi l'immagine della scimmia - che rappresenta il tuo stress, la pressione, l'urgenza, che ti strozza e cerca di saltarti addosso per affibbiarti un problema non tuo - è particolarmente indovinata. Non dire subito di sì, ma neanche di no, per non essere scortese. Da bravo coach puoi chiedere: «Tu cosa faresti?» Così facendo il problema rimarrà a chi voleva passarlo a te, e tu non solo lo farai ragionare, ma lo aiuterai a crescere.

Passiamo alle cose non urgenti, dove troviamo due quadranti: quello delle cose non urgenti ma importanti e quello delle cose non urgenti e non importanti. A quest'ultimo quadrante afferiscono le attività banali, come telefonate e posta inutile - ad esempio i messaggi pubblicitari che spesso vengono spediti - o persone che ti fanno solo perdere tempo. Di tutto ciò bisogna disinteressarsi completamente. Devi delegare al massimo o semplicemente trascurare, tralasciare, liberatene il prima possibile.

Quasi sempre passiamo molto tempo nei tre quadranti "urgente/importante", "urgente non importante" e "non urgente/non importante", e ne dedichiamo pochissimo all'unico settore veramente degno dell'aggettivo "importante": quello delle cose "non urgenti importanti". È certamente quest'ultimo il più rilevante, perché rappresenta la nostra vita, i nostri valori, e non è urgente, quindi non ci vede in uno stato di pressione, di stress, di crisi. Abbiamo tutto il tempo, la voglia, lo stato d'animo giusto per pianificare la nostra vita, per prevenire i problemi, per curare le nostre relazioni più importanti, che siano amicizie o, nel settore lavorativo, clienti. Ricordi il principio di Pareto 80/20?

- L'80 per cento del tempo disponibile è impiegato per ottenere solo il 20 per cento dei risultati!

- Il 20 per cento del tempo disponibile è impiegato per ottenere ben l'80 per cento dei risultati!

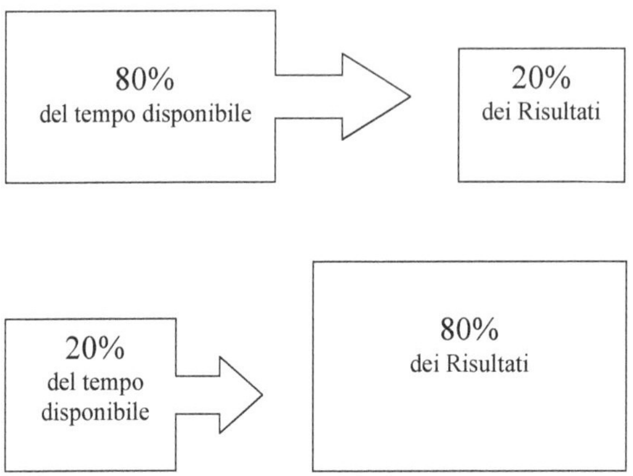

Nel nostro caso sappiamo che ci saranno sempre quei venti clienti che comprano più prodotti rispetto a tutti gli altri; così come, nei miei corsi, potevo avere cinque/sei persone che li seguivano tutti e qualcuno che mi seguiva saltuariamente. In teoria mi sarebbe convenuto dedicarmi con più attenzione alle persone che avevano deciso di affrontare un percorso più lungo, perché avrebbero partecipato a sette/otto corsi, mi avrebbero consigliato agli amici e così via. Inoltre se sei calmo, tranquillo, in uno stato d'animo sereno, perché non sei nel settore della crisi, dello stress, della pressione, ti accorgerai molto più facilmente se qualcuno ti sta offrendo un'opportunità buona, l'occasione giusta, se hai incontrato il partner della tua vita.

Se hai uno stato d'animo negativo non prenderai buone decisioni, perché è solo in uno stato di tranquillità, di serenità, che hai il tempo di pensare, decidere, pianificare. Infatti, quando si pianificano gli obiettivi, è importante vedere cosa è successo in passato, dove ti trovi adesso e dove vuoi arrivare tra qualche anno. È questo settore che ti porterà a grandi risultati. Più starai in questo settore, più crescerai e gestirai meglio il tuo tempo. Pensa che ogni giornata è qualcosa di prezioso, perché è tempo che nessuno ti restituirà. Non lo sprecare, quindi, per rispondere alle telefonate e spedire i pacchi, tanto più se hai chiara la direzione in cui devi andare. Non permettere a nessuno e a niente di toglierti tempo prezioso, e cerca di concentrarti al massimo in questo settore.

Questo schema a quattro quadranti viene usato tuttora, a distanza di qualche decennio da quando è stato inventato, in tutti i corsi sulla gestione del tempo. Ci sono anche piccoli accorgimenti da mettere in atto per agevolare una buona gestione del nostro tempo, come tenere pulita la scrivania, non riempirla di fogli, cercare di dividerli in base alle cose da fare. Tuttavia la cosa fondamentale è capire questo concetto: siamo nati per vivere cose importanti, i nostri valori, la direzione che scegliamo, e quindi non abbiamo tempo per le cose urgenti o non importanti. Non permettere a nessuno di intromettersi nella tua vita. Questo può succedere solo se non hai chiari i tuoi obiettivi, la tua direzione.

Quindi, se non sai come impiegare il tuo tempo, se non ti cambia nulla spedire pacchi o rispondere a delle mail, puoi permetterti di dire a qualcuno che ha bisogno del tuo consiglio: «Ti aiuto io, conta pure su di me». Ma se la tua vita trascorre risolvendo i problemi degli altri, non seguirai nessuna direzione e andrai da una parte all'altra a seconda delle richieste che ti faranno; la tua vita dipenderà da altre persone. Se invece hai una visione chiara della tua vita, saprai anche gestire il tuo tempo in maniera più oculata.

Quindi, ogni volta che compi un'azione o che qualcuno ti chiede di fare qualcosa per lui, pensa: «Ma questo mi serve? È urgente o importante, o nessuno dei due?» Questo atteggiamento cambierà il tuo modo di porti con gli altri. Pensa a quanto la mancanza di chiarezza sull'importanza delle cose abbia inciso sul disequilibrio della tua ruota della vita.

A volte dedichiamo troppo tempo al lavoro, il lavoro sta a 10 e la famiglia sta a 3, magari proprio perché abbiamo gestito male il nostro tempo. Quanti manager si dedicano troppo al lavoro e poco alla famiglia perché non hanno capito cosa è veramente importante per loro; una volta compreso che il valore principale può essere la famiglia, o per lo meno che sono importanti entrambi, e, soprattutto, una volta capito come si può gestire il tempo al meglio, la ruota si equilibrerà da sola.

SEGRETO n. 10: in base alla "teoria dei quattro quadranti", che si fonda sulla differenza tra urgente e importante, tutto ciò che è urgente ma non importante può essere delegato ad altri.

Del resto, se fai un buon lavoro di prevenzione, ovvero ti dedichi molto al settore delle cose non urgenti ma importanti, salvo grandi imprevisti, non ti troverai mai a dover fare le cose all'ultimo minuto, perché ti sarai preparato in anticipo. Non arriverai all'esame impreparato, ad esempio, perché avrai studiato prima. Molti arrivano all'esame avendo studiato gli ultimi tre giorni, di fretta, angosciati, nervosissimi. Uno dei modi con cui ho sconfitto il nervosismo degli esami orali ai tempi dell'Università, oltre alla buona comunicazione, alle convinzioni, alle visualizzazioni, è stato imparare a gestire meglio il mio tempo. Se studi regolarmente e con calma, è tutto più facile.

RIEPILOGO DEL GIORNO 2:

- SEGRETO n. 6: lo stato desiderato è l'obiettivo che vuoi raggiungere partendo dal tuo stato attuale, ossia la situazione che vivi attualmente.
- SEGRETO n. 7: scrivere un obiettivo è il primo passo per raggiungerlo, in quanto aiuta ad essere coerenti con se stessi, con le proprie decisioni, con i propri impegni e con ciò che si dice.
- SEGRETO n. 8: guarda al tuo passato in modo potenziante, quindi come fonte di risorse, e non in modo limitante, conservando la memoria solo dei traumi e fallimenti vissuti.
- SEGRETO n. 9: non è necessario che nella tua "ruota della vita" tutti i settori siano al 100 per cento; ma se dovesse accadere, allora vorrà dire che è arrivato il momento di alzare i tuoi standard.
- SEGRETO n. 10: in base alla "teoria dei quattro quadranti", che si fonda sulla differenza tra urgente e importante, tutto ciò che è urgente ma non importante può essere delegato ad altri.

GIORNO 3:
Formulare i tuoi Obiettivi

Abbiamo parlato di gestione del tempo perché con la Nuova Legge di Attrazione, se hai chiara la direzione, saprai "attrarre" le opportunità giuste e dire di no alle persone che tentano di farti perdere tempo inutilmente o di proporti cose che non corrispondono ai tuoi valori e ai tuoi obiettivi. Il modo migliore per gestire il tempo, come detto nel capitolo precedente, è stare nel quadrante delle cose non urgenti importanti, riuscire a pianificare, a prevenire i problemi e la possibilità di cadere nel quadrante peggiore: quello delle cose urgenti e importanti, che corrisponde a uno stato di crisi, di pressione, di stress.

Il primo quadrante, infatti, è quello delle cose urgenti e importanti. Può capitare, purtroppo, di doversi occupare di cose importanti e non avere tempo per decidere o per rimandarle. Tuttavia se avrai fatto un buon lavoro nel secondo quadrante, e sarai quindi riuscito a pianificarle e a gestirle nella maniera più giusta, sicuramente migliorerai non solo il tuo lavoro, la tua professione, ma anche la tua vita familiare e le tue relazioni, saprai cogliere veramente le tue opportunità e potrai crescere. L'importante è avere ben chiaro lo stato desiderato; questa è una delle parti più difficili e trascurate. Nessuno, a scuola o all'Università, insegna come porsi un obiettivo; nessuno dice, ad esempio, che un obiettivo deve essere espresso in positivo, perché se lo esprimi in negativo, affermando: «Non voglio più fare questo lavoro», rimani nello stato attuale, senza definire uno stato desiderato. Osserva la tabella sottostante:

CARATTERISTICHE DI UN OBIETTIVO BEN FORMULATO	**DOMANDE DI VERIFICA**
ESPRESSO IN POSITIVO	Cosa vuoi? Quando? Perché? Con chi?
RESPONSABILE	Hai i mezzi per raggiungerlo? Dipendono da te? Che risorse hai?
MISURABILE	Quale risultato dovrai ottenere o quale evento si dovrà realizzare perché tu capisca di aver raggiunto il tuo obiettivo?
VANTAGGI SECONDARI	Il raggiungimento dell'obiettivo ti permetterà di mantenere i vantaggi legati al tuo stato attuale? Se no, in che altro modo potrai soddisfarli?
ECOLOGICO	L'obiettivo rispetta la tua salute? È conforme alla tua identità, ai tuoi valori?

Vi trovi evidenziate le caratteristiche di un obiettivo ben formulato con le relative domande di verifica che ti permetteranno di capire se la singola caratteristica è rispettata.

Quindi, la prima domanda che devi fare a te stesso o a una persona che viene a chiederti aiuto perché è depressa e non sa che direzione dare alla sua vita è: «Cosa vuoi veramente? Cosa desideri? Ora stai malissimo, ma come vorresti stare?» Già rispondendoti: «Vorrei star bene» si porrà in uno stato migliore. Con delle semplici domande si può modificare lo stato di una persona. La prima caratteristica di un obiettivo ben formulato è, quindi, l'essere espresso in positivo e, in particolare, come puoi vedere dallo specchietto della pagina precedente, deve rispondere ad alcune domande ben precise.

La formulazione degli obiettivi è veramente fondamentale se si vuole essere sicuri di raggiungerli senza troppe difficoltà. Chiunque può realizzare qualsiasi sogno, a patto che lo pianifichi bene e segua le giuste strategie. Infatti non basta scriverli né compiere l'azione, ma ci vuole la strategia, bisogna sapere come fare. Ricordalo sempre. Rispondi dunque a queste semplici domande: cosa vuoi esattamente? Con chi vuoi realizzare il tuo obiettivo? Entro quanto tempo lo vuoi realizzare? Perché lo vuoi realizzare? Troppe volte ho sentito obiettivi espressi con il "non", in forma negativa. Ma il "non" non viene percepito dal cervello. Se ti dico: «Non pensare a un elefante rosso a pois bianchi», immediatamente ti farai un'immagine mentale di un elefante rosso a pois bianchi. Il cervello percepisce una parola alla volta, quindi prima il "non", poi "l'elefante", poi "l'elefante rosso" e, infine, "a pois bianchi".

Quando sui cartelli c'è scritto «vietato fumare», viene subito in mente l'idea di farlo, poiché il cervello percepisce "fumare" e ignora la parola "vietato". Dire: «Non fumare», poi, sarebbe ancora peggio. Anche le scritte sui pacchetti di sigarette, che dovrebbero mettere in guardia contro i rischi legati al fumo, sono formulate molto male, perché in negativo. Non so se la responsabilità sia del Ministero della Salute o delle case produttrici.

Se si dice a un bambino: «Mi raccomando, non toccare quella cosa» si risveglierà in lui la curiosità e il suo istinto sarà fare l'esatto contrario. Ricordo che una volta, quando ero piccolo, mia madre mi disse: «Mi raccomando, non mettere la mano sulla padella per fare le crêpes, perché è bollente». E io che ho fatto? L'ho toccata e mi sono bruciato. Moniti come: «Mi raccomando: non attraversare la strada!», «Non correre!» e via di seguito, vengono definiti, in linguistica, come **comandi negativi**, in quanto trasmettono il messaggio opposto a quello che si vorrebbe, pur se, nella maggior parte dei casi, involontariamente. Se ti dico: «Non dubitare che questa cosa funzioni», ti sto invitando a farlo, e come minimo ti faccio venire in mente l'idea di dubitarne. Dicendo: «Quel corso non è una truffa», cosa ti suggerisco? L'idea di truffa.

Definisci quindi il tuo obiettivo in maniera positiva, eliminando i "non".

SEGRETO n. 11: un buon obiettivo deve essere espresso in positivo, quindi deve dire ciò che intendi essere o fare e non ciò che non vuoi più essere o fare.

La seconda caratteristica di un obiettivo ben formulato riguarda il fatto che chi intende raggiungerlo deve avere la possibilità di assumersene in pieno la responsabilità. In particolare occorre chiedersi: «Ho i mezzi per raggiungerlo? Dipendono da me? Che risorse ho per pensare di poter concretizzare il mio obiettivo?» Le risorse devono essere tue, non di altri, e devi avere accesso ad esse, a meno che tu non possa avere accesso alle risorse degli altri. Se mi prefiggessi un obiettivo come: «Voglio diventare Presidente degli Stati Uniti entro tre anni», avrei i mezzi per attuarlo? Mah! Al momento non ne vedo molti, a parte il fatto che non sono neanche americano! Non ho risorse particolari, se non il mio carisma e la preparazione nel settore della comunicazione, ma sicuramente ciò non è abbastanza per raggiungere quell'obiettivo.

Ancora, se voglio sposare Demi Moore, questo obiettivo certamente non dipende solo da me, ma anche da un'altra persona, da lei, quindi non ne ho la piena responsabilità. L'obiettivo, invece, deve dipendere esclusivamente da te; devi essere in grado di poterlo raggiungere autonomamente, solo così potrai assumerne la responsabilità.

Scegli un obiettivo che sia nelle tue mani. Al limite, le altre persone possono essere considerate risorse. Gli allievi che seguono i miei corsi, ad esempio, nel momento in cui sono in aula sono mie risorse, perché mi aiutano a raggiungere l'obiettivo di contribuire alla loro crescita personale e di diffondere la PNL. Se le risorse sono esterne o sono di altre persone, verifica in che modo puoi influenzare quelle persone perché contribuiscano al tuo obiettivo. Nel mio caso questo avviene grazie alle mie risorse, alle mie capacità e al prodotto che offro.

SEGRETO n. 12: la realizzazione del tuo obiettivo deve dipendere esclusivamente da te, solo così potrai assumerne la piena responsabilità.

Altra caratteristica che deve avere un obiettivo, per essere ben formulato, è la misurabilità. Come fai, infatti, a sapere di averlo raggiunto se non ti dai dei parametri misurabili? Misurabilità vuol dire avere un modo per sapere che hai conquistato il tuo obiettivo. Confrontando la tua "ruota della vita" di oggi con quella di cinque anni fa, forse avrai notato di aver raggiunto alcuni obiettivi senza neanche essertene reso conto; questo è accaduto perché allora non avevi stabilito un criterio di misurabilità. Quando mi sono prefisso l'obiettivo di fare il formatore, ad esempio, ho pensato: «Il giorno in cui organizzerò il mio primo corso, sentirò di essere un formatore, sentirò di aver raggiunto il mio obiettivo». Ho legato quindi il raggiungimento del mio obiettivo a un dato scientifico, a un dato certo, a un fatto che sarebbe dovuto accadere.

È come se l'atleta che deve correre i 100 metri, ed è concentratissimo, lì sulla griglia di partenza, pronto a scattare, non avesse una linea di traguardo a indicargli la meta; correrebbe per un altro chilometro, perché non avrebbe il tempo di pensare e dire a se stesso: «Sono arrivato!» Questo vale anche per te: rischieresti di correre tutta la vita senza accorgerti di aver raggiunto il risultato, e quindi senza gratificarti per averlo fatto. E ovviamente saresti sempre infelice perché penseresti: «Non ho convinzioni, non sono sicuro, non sono capace di raggiungere risultati».

Se stabilisci a priori dove devi arrivare e come renderti conto di aver raggiunto il risultato sarà molto più facile. Ho lavorato con una persona che si occupava di vendita, a cui ho detto: «Qual è il tuo obiettivo?» Mi ha risposto: «Migliorare il mio fatturato, le mie percentuali di vendita». Quindi ho chiesto: «Bene, esattamente di quanto?» e mi ha risposto: «Voglio chiudere il 90 per cento delle mie telefonate». Ho domandato, allora, quale fosse il suo stato attuale: «Oggi dove sei?» e mi ha detto: «Oggi ne chiudo il 50 per cento». Lo stato desiderato è quindi il 90 per cento delle telefonate; è un dato preciso, matematico. Il giorno in cui avrà raggiunto il 90 per cento, saprà di aver conseguito il suo obiettivo. Se poi raggiungerà l'89 per cento, io penso che si potrà sentire ugualmente gratificato, ma in quel momento, con quel dato preciso, saprà di avercela fatta.

Nel momento in cui ti rendi conto di avere conseguito il tuo obiettivo, cerca di percepire e visualizzare tutto quello che c'è intorno a te: quali sensazioni provi, cosa ascolti, che ti dici. È importantissimo, perché in questo modo ti renderai veramente conto, con tutti i sensi, di aver raggiunto il risultato che volevi.

Anche chi deve affrontare una dieta è bene che renda il suo obiettivo misurabile, stabilendo di quanto vuole dimagrire, dunque il peso che vuole raggiungere. Così avrà un dato oggettivo con cui confrontarsi. Se si porrà l'obiettivo di dimagrire genericamente, senza ulteriori specifiche, molto difficilmente ci riuscirà, perché il cervello accetta comandi precisi e specifici. Quindi, se si afferma: «Voglio dimagrire» senza specificare entro quanto tempo, in che modo, di quanti chili, il cervello non si focalizzerà sull'obiettivo, perché non avrà una direzione da seguire. «Voglio dimagrire» in realtà non è neanche un vero obiettivo, mentre arrivare a pesare un certo numero di chili o a indossare una determinata taglia lo è. Dimagrire è solo il processo con cui si arriva all'obiettivo.

Fai attenzione, quindi, anche a distinguere tra "processo" e "risultato". Dimagrire è il percorso, il processo, mentre raggiungere un certo peso è l'obiettivo, il risultato da perseguire. Allo stesso modo: «Voglio cambiare casa» è un processo, mentre «Voglio vivere in una casa nuova, che sia un attico panoramico, con una bellissima terrazza» è un obiettivo ben formulato e meglio definito.

SEGRETO n. 13: il tuo obiettivo è misurabile se ti sei dato dei parametri che ti permetteranno di capire di averlo raggiunto.

Altra cosa importante e molto trascurata: l'obiettivo deve mantenere l'intenzione positiva del problema attuale, dello stato attuale, cioè il cosiddetto **vantaggio secondario**. Perché se l'obiettivo è smettere di fumare, sarà necessario supplire ai vantaggi secondari che, come tutti sappiamo, il fumo arreca, quali il rilassamento, il legame con un gruppo e altri che i fumatori conoscono bene, anche se non sempre ne sono consapevoli.

Così, nella dieta, il mangiare ha dei vantaggi secondari. Pensa ad esempio alla gratificazione e al senso di benessere che procurano alcuni cibi, come la cioccolata. Per essere sicuro di raggiungere l'obiettivo che ti sei prefissato, analizza quindi quali vantaggi ti procura il tuo stato attuale, a cosa dovresti rinunciare abbandonandolo e cosa succederebbe se non raggiungessi il risultato. Sarebbe troppo facile, tuttavia, auto-sabotarsi e non portare avanti la propria decisione a causa dei vantaggi secondari nascosti. Quindi, prima di fissare bene l'obiettivo dovrai verificare che non ci siano vantaggi secondari e, nel caso ci siano, trovare un'alternativa valida. Se vuoi smettere di fumare, ma lo stato attuale soddisfa comunque il tuo bisogno di rilassamento, chiediti in che altro modo puoi soddisfarlo. Magari con un hobby che ti piaccia, che ti diverta.

Spesso, infatti, per smettere di fumare si comincia a mangiare. Non è vero, come molti sostengono, che "smettere di fumare fa ingrassare"; non è una questione ormonale e chimica, bensì mentale: è la soddisfazione del vantaggio secondario. Bisogna inoltre tenere presente la differenza tra obiettivi "ottenibili" e "sostenibili". Se ad esempio dici: «Voglio perdere venti chili in una settimana» sarà semplicemente impossibile. Allo stesso modo puoi proporti un risultato possibile e ottenerlo, e poi non riuscire a sostenerlo per lungo tempo.

A monte di ciò, poi, c'è il problema della sofferenza, dello sforzo per ottenere il risultato. Con il fumo otteniamo il risultato del rilassamento, ma è sostenibile alla lunga? Si può fumare tutta la vita? Forse sì, ma rischiando malattie gravissime e affaticando enormemente il nostro apparato respiratorio. A breve termine vediamo un vantaggio, ma a lungo termine solo tanto dolore.

Ecco perché Robbins dice: «Attenzione al binomio piacere e dolore» perché nella maggior parte dei casi le nostre dipendenze ci portano un piacere immediato e sofferenza a lungo termine, e questo non va bene. Ecco perché è importante gratificarsi in ogni piccolo passo che si compie verso l'obiettivo, in modo da associare piacere alla rinuncia. Ogni volta che il fumatore rinuncia a una sigaretta, dovrebbe dirsi quanto è stato bravo, associando così al non fumare piacere immediato, istantaneo. Usa, quindi, lo stesso meccanismo al contrario, volgendolo a tuo vantaggio.

Se trascuri ciò, rischierai di non raggiungere mai l'obiettivo; ci sarà sempre una voce interiore o una convinzione che ti faranno tornare indietro, che non ti permetteranno di staccarti dalla sigaretta, dal dolce o da qualsiasi altro stato attuale. Quando, ad esempio, tengo corsi sul benessere finanziario, mi scontro sempre con alcune convinzioni sulla ricchezza trasmesse dalla cultura, radicate nei partecipanti. Da sempre si dice che i soldi sono sporchi, che i ricchi sono persone sole, che per diventare ricchi bisogna rubare, che si provoca l'invidia degli altri, che si perdono gli amici, che ci si circonda di persone false.

Se una persona ha queste convinzioni, e magari non ne è neanche consapevole, pur avendo l'obiettivo di diventare ricca e guadagnare un milione di euro, tenderà ad auto-sabotarsi. Lo farà perché dentro di sé avrà la convinzione che se diventerà ricca avrà dei problemi, perderà gli amici e resterà sola. La stessa cosa avviene per il successo. È opinione diffusa che le persone di successo abbiano pochi amici. C'è quindi chi preferisce abbassare i propri standard al livello di quelli degli altri, piuttosto che alzarli e correre il rischio di rimanere da solo.

Chiediti, quindi, quali sono le tue paure e quali i vantaggi nel rimanere nello stato attuale; perché se non sei assolutamente convinto, o se hai paura di perdere qualcosa o di non poter più soddisfare i tuoi bisogni, rischi di non raggiungere mai il tuo obiettivo.

SEGRETO n. 14: l'obiettivo deve mantenere l'intenzione positiva dello stato attuale, ovvero il cosiddetto "vantaggio secondario".

Ultima formulazione: l'obiettivo deve essere ecologico. Il termine "ecologico" in PNL è inteso come rispettoso non tanto dell'ambiente, quanto della persona. Quindi, come cambierà la tua vita al raggiungimento dell'obiettivo? Il lavoro, gli amici, la famiglia? L'obiettivo è congruente con la tua identità?

Sicuramente deve rispettare la tua vita, i tuoi valori, il tuo fisico, la tua salute e tutto ciò che ti sta intorno. Ad esempio, se raggiungere il tuo obiettivo ti fa perdere gli amici, se ti porta a trascurare la famiglia o il lavoro, devi analizzare da subito, prima di fissarlo, in che modo cambierà la tua vita. Ho lavorato con un mio amico che era molto in sovrappeso e che non riusciva a dimagrire. Mi ha detto: «Se fossi magro non saprei cosa fare, non saprei come comportarmi, non saprei come muovermi e l'idea di fare sport mi fa paura». Tutte queste convinzioni e questi timori lo bloccavano. La sua vita sarebbe cambiata talmente tanto da spaventarlo; ormai aveva quell'identità, e cambiarla lo avrebbe fatto uscire dalla sua zona di comfort.

Considera, inoltre, che non va bene perseguire un obiettivo per raggiungere il quale è necessario mettere a rischio la propria salute. Se il tuo obiettivo è diventare formatore e per questo lavori sempre sedici ore al giorno, vai a fare formazione ovunque pur di fare esperienza, non dormi più e la tua salute va in pezzi, non è un obiettivo ecologico, perché non è rispettoso della tua salute e della tua persona. Si può approfittare delle proprie forze per un periodo limitato nel tempo, ma se lo sforzo si prolunga eccessivamente diventerà un'abitudine e si rischierà di andare contro se stessi. Valutare se un obiettivo sia o meno ecologico, quindi, significa anche considerare i cambiamenti che apporterà.

SEGRETO n. 15: un obiettivo è ecologico nella misura in cui non è contrario ai propri valori e non mette a rischio la propria salute.

L'obiettivo deve essere formulato tenendo presenti queste cinque caratteristiche: deve essere positivo, misurabile, bisogna assumersene la responsabilità, bisogna mantenere l'intenzione positiva, deve essere ecologico. Diversamente sarà molto più difficile che l'obiettivo venga raggiunto. Potranno sorgere problemi o verificarsi degli auto-sabotaggi.

Ora prenditi cinque minuti e pensa a qualche obiettivo mancato del tuo passato; scrivi il modo in cui lo avevi formulato e osserva se lo avevi fatto correttamente, rispettando le definizioni che abbiamo analizzato. Poi fai la stessa cosa con obiettivi che vorresti raggiungere nel futuro. Scrivine due o tre in tutto.

Rispondendo a queste domande, e verificando la compatibilità del proprio obiettivo con una buona formulazione, un mio allievo si è reso conto che, pur volendo intraprendere una nuova attività, era trattenuto dal farlo perché avrebbe dovuto rinunciare a quella attuale. Ciò, infatti, avrebbe comportato molti sacrifici, non solo da un punto di vista economico, ma anche di identità, dato che il suo lavoro si svolgeva nell'ambito di un'attività familiare che andava avanti da generazioni.

Nel momento in cui avesse deciso di voler mantenere comunque l'intenzione positiva, ovvero il vantaggio secondario della situazione attuale, avrebbe dovuto semplicemente rispondere alla seguente domanda: «Come faccio a creare questa nuova attività tenendo in piedi anche quella che già ho?»

Nel momento in cui capisci qual è il problema da affrontare, è più probabile trovare una soluzione. In questo modo, infatti, la persona interessata agirà, farà conoscenze, magari delegherà qualcuno nel periodo in cui deve mantenere entrambe le attività, ma comunque troverà una soluzione. L'importante è aver chiarito e definito qual è lo stato attuale e qual è l'obiettivo da raggiungere. Infatti, non bisogna definire adeguatamente soltanto lo stato desiderato, ma anche quello attuale, e ancora una volta rispondendo a delle domande, ossia: qual è il problema, qual è lo stato attuale? Perché lo stato attuale è un problema? Cosa hai fatto finora? Cosa ti ha impedito di risolverlo?

È possibile infatti che una persona non sia insoddisfatta della situazione attuale, ma semplicemente voglia migliorarla. Il che significa che nello stato attuale non ha un problema, ma vuole ancora di più, ossia intende elevare i propri standard. Spesso il lavoro di coaching è rivolto proprio a persone che stanno bene e che vogliono di più, vogliono raggiungere obiettivi.

Se la terapia ha come fine guarire persone che hanno problemi attuali trovando la loro origine nel passato, il coaching si rivolge a persone che stanno bene, che sono mediamente soddisfatte della propria vita, ma che vogliono raggiungere nuovi obiettivi, nuovi risultati più soddisfacenti, che vogliono crescere. Quindi, una volta analizzato lo stato attuale, domandati: «Ma finora cosa ho fatto?» Spesso molte persone alla domanda: «Cosa hai fatto finora?» mi rispondono: «Ho provato a smettere di fumare, ho provato a mettermi a dieta, ho provato a contattare quella persona, ho provato a cercarmi un fidanzato». Cioè mi descrivono i loro tentativi, le loro prove.

Ma le prove non bastano: bisogna fare, bisogna agire e con una giusta strategia, e se non funziona bisogna provare in un altro modo. Questa è la tecnica di base della Programmazione Neuro-Linguistica. Infatti, la domanda "chiave" è: «Cosa hai fatto finora? Cosa ti ha impedito di risolvere il problema? In che modo le strategie usate fino a questo momento non hanno funzionato?» Rispondendo, potrai ricavare una serie di insegnamenti per migliorare la tua strategia attuale e raggiungere finalmente il risultato. E se non hai ancora imparato abbastanza, vorrà dire che passerai per altre esperienze, per altri fallimenti e imparerai cose nuove. Ma se il tuo obiettivo è lì che ti aspetta, perché l'hai ben definito, dovrai solo camminare. Se troverai un ostacolo lo aggirerai, ma alla fine ci arriverai: è matematico.

Una volta definiti lo stato attuale e lo stato desiderato, le domande saranno: che risorse hai? Qual è il primo passo da fare? Che opzioni hai? Che altro intendi fare? Per risorse si intendono persone che conosci, tue qualità interiori, tue capacità, tue risorse interne, ma anche oggetti, abiti. Come ti ho già detto, ognuno ha già vissuto nella propria vita ogni tipo di risorsa: c'è già stato un momento in cui si è sentito certo di poter raggiungere un obiettivo, oppure soddisfatto, innamorato, volenteroso. Avrà sviluppato delle abitudini, avrà qualche oggetto che lo ha aiutato a raggiungere il proprio obiettivo; magari ha una macchina che gli permette di esercitarsi perché il suo sogno è fare il pilota, o un computer che gli permette di raggiungere milioni di persone e diffondere il suo messaggio tramite internet.

Anche le abitudini sono risorse importanti. Il nostro cervello può essere visto come un computer nel quale girano dei programmi, dei software, che altro non sono se non schemi e abitudini; di qui viene il termine "programmazione". Possiamo usare quelli che già funzionano bene oppure prendere quelli che funzionano male, che ci fanno rispondere in maniera strana, che ci fanno stare male, e trasformarli per utilizzarli al meglio.

Puoi aggiungere anche altre risorse che ti vengono in mente; fare un corso, ad esempio, è una risorsa, leggere un libro è una risorsa e così via. Ma le risorse non sono nulla senza l'azione. Definisci subito il primo passo verso il tuo obiettivo, perché se rimanderai anche solo il primo passo, addio obiettivo! Se anche lo hai ben definito, se è positivo e misurabile, ma non agisci, non servirà a nulla. Perché chi agisce senza pensare, senza avere una strategia, non va da nessuna parte, allo stesso modo di chi pensa senza agire.

Cosa farai ora che hai definito il tuo obiettivo? Cosa farai, già domattina, per cominciare a camminare in quella direzione? Se il tuo obiettivo è comprare una casa nuova, per esempio il tuo attico, domani uscirai e andrai a comprare il giornale locale con gli annunci immobiliari, lo leggerai e farai le tue telefonate; oppure andrai all'agenzia vicino casa a lasciare il tuo nominativo, o ancora andrai in banca a parlare con il direttore per avere un mutuo. Ricordati che la Nuova Legge di Attrazione si differenzia dalla legge di attrazione tradizionale proprio per la spinta ad **agire subito** e concretamente per raggiungere i tuoi obiettivi. Il primo passo fallo subito, entro poche ore, altrimenti rischierai di mancare il tuo obiettivo.

Che opzioni hai? In PNL si dice che servono almeno tre opzioni per parlare di scelta, perché una sola opzione non è una scelta e due opzioni danno luogo a un dilemma. Con tre opzioni avrai più possibilità per raggiungere il tuo obiettivo. Se non riuscirai in un modo, proverai nell'altro o in un altro ancora. Una volta ho lavorato con un mio allievo sulla decisione di lasciare o meno la propria compagna. Abbiamo semplicemente analizzato più opzioni, quindi: «la lasci e non la vedi più», oppure «la lasci e continui a vederla come amica» o ancora «non la lasci e investi sul vostro rapporto» e via di seguito. Come vedi, anche se apparentemente le possibilità erano solo due, "lasciarla" o "non lasciarla", sono diventate come minimo tre. È importante avere più scelte possibile, in modo che il nostro obiettivo sia raggiungibile in modi diversi, attraverso più strade.

Poi, che altro intendi fare dopo il primo passo, dopo aver visto quante possibilità hai? Stabilisci esattamente una strategia, un piano d'azione che rispecchi i tuoi valori, la tua identità. Decidi da quale strada cominciare, e se non funzionerà ne proverai un'altra e un'altra ancora. Accederai di nuovo alle tue risorse e alla fine arriverai al tuo obiettivo.

SEGRETO n. 16: per parlare di scelta devi avere un ventaglio di almeno tre possibili strade che conducano al tuo obiettivo; se ne hai soltanto due non sei di fronte a una scelta ma a un dilemma.

Prima ti ho raccontato di come ho raggiunto i due obiettivi che avevo scritto, ossia avere una casa mia e diventare formatore, molto prima del tempo stabilito e senza neanche averci pensato più di tanto. Pensa come funziona bene la mente umana quando viene programmata nel modo corretto al successo ed è chiara la direzione! Pensa dove puoi arrivare ideando nel dettaglio un piano d'azione, restando tanto flessibile da cambiare strada quando quella che stai percorrendo non funziona.

Non pensare ai tuoi limiti, non dire: «Non so se ce la faccio», ma pensa in grande, perché le possibilità umane sono molto più grandi di quello che noi immaginiamo. Quindi meglio essere troppo ottimisti che troppo pessimisti, meglio il pensiero positivo che quello negativo. Agisci come se avessi già raggiunto il tuo obiettivo. Quando ho conosciuto la PNL e ho fissato quello che per me era il valore più importante, ossia la sicurezza, mi è stato detto: «Agisci come se tu fossi già una persona sicura». Io ho cominciato a comportarmi come se fossi sicuro.

E per quanto dentro di me non mi sentissi ancora tale, ho cominciato ad agire da persona sicura e ad assumerne la fisiologia corrispondente, come mi avevano suggerito. Così facendo ci si convince pian piano di essere sicuri e si assume un atteggiamento convincente anche per gli altri, arrivando a provare veramente sensazioni di sicurezza. Con gli obiettivi succede la stessa cosa: se ti condizioni a raggiungerli, e ogni volta che ne raggiungi uno ti gratifichi, proverai piacere e maturerai in te la convinzione di potercela fare sempre e comunque, semplicemente abituandoti a farlo.

Il primo passo può anche essere facile da compiere. Se, ad esempio, devi perdere peso, potresti decidere di cominciare non mangiando più il dolce dopo cena; l'importante è continuare a condizionarsi nel tempo, non fermarsi dopo il primo passo, ma farlo nella direzione giusta, anche se piccolo.

Ecco perché è importante definire esattamente la scadenza entro la quale si intende raggiungere l'obiettivo. In PNL si dice che ciò che differenzia un obiettivo - pur se a lungo termine - da un sogno come pura fantasia è la scadenza temporale. Quindi, dì a te stesso: «Voglio raggiungere questo obiettivo entro sei mesi, entro un anno, entro dieci anni». Per esempio: «Voglio guadagnare 10 milioni di euro entro dieci anni». È fattibile? Sì. Rispondi alle domande che abbiamo analizzato in queste pagine e verifica che il tuo obiettivo sia formulato in modo corretto. Il tuo stato attuale qual è? Che sei povero in canna, non hai un soldo. Che risorse hai? Sei bravo a comunicare e potresti fare formazione in quel campo.

Per esempio, ho un amico che vive in Sicilia e più volte mi ha manifestato il suo desiderio di venire a vivere a Roma perché lì dov'è non si trova bene. Il problema è che in Sicilia ha sia la casa che il lavoro: è proprietario di una ditta che si occupa di ristrutturazione di immobili. L'ho invitato a trasferirsi a Roma ma ha sempre mostrato resistenza all'idea di abbandonare le sicurezze che ha in Sicilia, nonostante i disagi che vive lì. Qualche tempo fa, però, è venuto a Roma per aiutare me a ristrutturare casa e ho scoperto che ha un talento particolare nel fare da mediatore con i commercianti. Mi ha fatto risparmiare una cifra enorme! Dato il lavoro che fa, è abituato a trattare, a negoziare il prezzo. Conosce le persone giuste, anche a Roma ci ha messo pochissimo a orientarsi e ha trovato ottimi fornitori.

Così gli ho suggerito di trasferirsi a Roma e aprire un'attività di questo tipo, ossia fare il consulente per lavori di ristrutturazione. Farebbe risparmiare le persone, non dovrebbe sostenere tutte le spese che normalmente gravano su di lui, prenderebbe la sua percentuale riuscendo a ricavare ottimi guadagni. Ti faccio un esempio: se io vado in un negozio per comprare delle porte, mi chiedono 1000 euro l'una, arriva lui e gliele danno per 500 euro. A sua volta, lui me le rivende a 700 e il risultato è che io ho risparmiato 300 euro e lui ne ha guadagnati 200, e siamo tutti contenti. È un ottimo servizio ed è un lavoro semplice una volta che conosci i tuoi fornitori. Anzi, più lavoro hai da commissionare, più aumenterà lo sconto che puoi chiedere loro. Questo è un lavoro per cui io vedo solo possibilità di crescita e sarei il primo a fargli pubblicità con tutto quello che mi ha fatto risparmiare! Quindi, utilizza tutte le risorse che preferisci e raggiungerai il tuo obiettivo, a patto che tu abbia chiaro quello che vuoi, dove vuoi andare, dove sei adesso e che risorse hai per andare da qui a lì, cioè dallo stato attuale allo stato desiderato.

Per renderti più chiaro l'esercizio sugli obiettivi, ti riporto la trascrizione di una dimostrazione svolta in aula durante uno dei miei corsi. Nota come ripeto spesso le parole che il volontario mi dice, sia per creare sintonia, sia per stimolare in lui risposte più complete e approfondite.

****

GIACOMO: Allora, qual è il tuo obiettivo?

MICHELE: Voglio diventare un trainer.

GIACOMO: Voglio diventare un trainer. Bene, mi sembra un ottimo obiettivo! È espresso in positivo? Assolutamente sì; non mi ha detto: «Non voglio più fare questo lavoro» ma: «Voglio diventare un trainer». È un obiettivo molto positivo e molto ben definito. Bene, quando? Entro quanto tempo?

MICHELE: Mah… in base ai corsi. Io ho previsto entro due anni, più o meno.

GIACOMO: Entro due anni. Dunque entro due anni vuole diventare un trainer.

MICHELE: Sì. Poi, come ti dicevo, dipenderà dalle date dei corsi…

GIACOMO: Dei corsi miei o dei corsi in generale? Un po' di tutto! Quindi stai dicendo che dipende da me in quanto tempo tu diventerai un trainer… No, non dipende da me, ma dalla tua voglia di seguire i corsi. Bene, in che zona vorresti lavorare, per esempio? Hai già un'idea?

MICHELE: All'inizio a Roma, perché comunque…

GIACOMO: (ironico) Ah, un concorrente… niente obiettivo! Via!

MICHELE: A me piacerebbe tanto lavorare per te, ad esempio.

GIACOMO: Ah, questo sì è un buon obiettivo!

MICHELE: Magari all'inizio; oppure prendere i clienti che non puoi seguire…

GIACOMO: Bene.

MICHELE: In realtà mi piacerebbe tanto portare questa materia nel mio paese. Però so già che sarà dura e, prima di farlo, volevo tastare il terreno dove è già un po' più solido.

GIACOMO: Perfetto. Quindi hai già un'idea: iniziare a Roma e portare poi la tua attività in Toscana. Bene, perché ti interessa questo obiettivo?

MICHELE: Perché ho scoperto nella PNL un aiuto fenomenale in tutto e per tutto.

GIACOMO: La PNL è un aiuto fenomenale in tutto e per tutto; quindi la vuoi diffondere, è importante per te. Bene, sei responsabile del tuo obiettivo, dipende da te, da quanto impegno ci metti.

MICHELE: Sì.

GIACOMO: Hai i mezzi per raggiungerlo?

MICHELE: Be', ho la motivazione, che è già un grosso mezzo. Ancora non ho i soldi per seguire tutti i corsi ma, insomma, in qualche modo farò.

GIACOMO: Me lo auguro. Va bene, anzi, benissimo. Dipende da te anche il problema dei soldi. Ecco, i soldi sono un mezzo esterno, però, in un certo senso, anche quelli dipendono da te. In che modo farai i soldi?

MICHELE: Troverò un secondo lavoro oltre a quello che già ho.

GIACOMO: Bene, ti darai da fare. Michele si impegnerà per ottenere qualcosa che oggi non ha, ma che avrà. Questo gli permetterà di seguire altri corsi di formazione. Se ci pensate sono i principi base della Nuova Legge di Attrazione: se vuoi attrarre un risultato, devi anche darti da fare e prenderti la responsabilità di ottenerlo. Quando saprai di aver raggiunto il tuo obiettivo? In che modo te ne accorgerai? Quale sarà il segnale che ti farà capire di averlo conseguito?

MICHELE: Una prima conferma sarà l'aver ottenuto i certificati di Bandler.

GIACOMO: Bene. L'aver ottenuto i certificati di Bandler ti confermerà che hai concluso il tuo percorso.

MICHELE: Sì, sarà una prima conferma. Ma l'obiettivo sarà veramente raggiunto quando mi troverò di fronte a un certo numero di persone, che possono essere anche due, volendo, e riuscirò ad aiutarle. Tutto qui.

GIACOMO: Dove ti troverai? In un'aula o, altrimenti, in che luogo?

MICHELE: In aula avrei la conferma di aver raggiunto il mio obiettivo professionale di essere formatore e quindi di aver ottenuto la qualifica di "trainer", e sarebbe già un grosso passo. Ma per avere la conferma di essere di fatto un trainer, ovvero qualcuno che forma e aiuta le persone a migliorarsi, potrei essere ovunque, il luogo non è importante.

GIACOMO: Bene, ovunque. La conferma l'avrai nel momento in cui ti troverai a insegnare anche a due sole persone, come hai detto poco fa.

MICHELE: Sì, ma anche a una sola persona. Per esempio, ieri sera mi sono trovato in una situazione particolare: una donna, alla stazione, stava delirando e mi è venuto in mente di avvicinarla e chiederle quale fosse il suo vero problema. Però non ero del tutto convinto. Ho pensato che parlandole mi sarei focalizzato su un fallimento piuttosto che su una vittoria, quindi non l'ho fatto.

GIACOMO: Hai avuto paura, è comprensibile. Però occorre definire bene. Fate attenzione quando le persone vi esprimono le loro idee e cercate di far chiarezza. In questo caso Michele non è stato sufficientemente netto. Ha detto: «Sentirò di aver raggiunto il mio obiettivo di essere "trainer" da un punto di vista professionale quando sarò in aula a fare lezione, ma anche quando avrò ottenuto i certificati di Bandler; mentre sentirò di essere nell'intimo un "trainer" quando, vedendo qualcuno in difficoltà, come la donna alla stazione, sarò in grado di avvicinarla e aiutarla». Ha dato troppe definizioni! Michele, devi decidere. Quand'è che ti sentirai veramente un trainer? Quando corrisponderai alla tua idea di trainer?

MICHELE: Quando sarò in aula.

GIACOMO: Quando sarai in aula con due o più persone e le aiuterai?

MICHELE: Sì, avendo anche una conferma monetaria.

GIACOMO: Anche una conferma monetaria?

MICHELE: Sarà in quel momento che capirò di essere un trainer.

GIACOMO: Se ho ben capito, stiamo parlando della tua realizzazione professionale come trainer. Secondo quanto dici, avrai la conferma di aver raggiunto l'obiettivo di essere un trainer professionista quando terrai un corso in aula per delle persone e riceverai anche dei soldi per questo, dunque nel momento in cui la tua attività di trainer sarà un vero e proprio lavoro; entro due anni, mi hai detto. Andiamo avanti. Oggi come oggi, vedi qualche vantaggio nel non fare il trainer?

MICHELE: L'unico vantaggio potrebbe consistere nel fatto che ora ho più tempo libero.

GIACOMO: Il tempo, va bene. L'idea di parlare in pubblico ti spaventa?

MICHELE: No, magari all'inizio, però so che imparerò determinate tecniche che mi permetteranno di affrontare questo lavoro senza problemi.

GIACOMO: Bene, sì. Al di là del tempo, non ci sono altri vantaggi nel non diventare un trainer?

MICHELE: No, non credo.

GIACOMO: Quindi sei molto motivato e hai ben chiaro l'obiettivo. Cosa succederà se non lo raggiungi? Cosa farai?

MICHELE: Troverò comunque un altro lavoro nella comunicazione. Potrei fare il pubblicitario o anche il grafico pubblicitario.

GIACOMO: Sempre nell'ambito della comunicazione, quindi.

MICHELE: Sì, sì.

GIACOMO: Bene, mi sembra ecologico. Come cambierà la tua vita?

MICHELE: Be', sicuramente in meglio.

GIACOMO: Sicuramente in meglio. Sembra molto determinato, siete d'accordo? L'attuale lavoro, come ne risentirà? Dimmi se te ne importa qualcosa o meno.

MICHELE: Be', l'attuale lavoro... semmai lo delegherò a mia madre. Anzi, avendo raggiunto il mio obiettivo, potrei senz'altro pensare di regalarglielo. Sì, glielo regalerò!

GIACOMO: Lo delegherai a tua madre, addirittura glielo regalerai?

MICHELE: Sì, glielo regalerò.

GIACOMO: Che penseranno di te gli amici quando sarai un trainer di successo e andrai a motivare le persone? Forse penseranno che sei pazzo?

MICHELE: Non mi vorranno più bene...

GIACOMO: Non ti vorranno più bene? Per te l'amicizia è un valore importante?

MICHELE: Sì.

GIACOMO: Bene. Quindi c'è un modo per mantenere elevato questo valore, per soddisfarlo anche quando sarai trainer?

MICHELE: Sì, potrò farlo dedicando attenzione ai miei amici.

GIACOMO: Dedicando loro attenzione. Probabilmente sarai anche più in grado di farlo perché, da trainer, saprai comunicare meglio. Tra l'altro essere trainer non è solo un lavoro, comporta un cambiamento di identità e, di conseguenza, cambieranno anche le tue convinzioni, i tuoi standard, i tuoi valori e probabilmente anche il tuo ambiente, che, come sai, è il livello più esterno. Magari non vivrai più nel tuo paesino; verrai a vivere a Roma o, quantomeno, ti trasferirai in una grande città della Toscana. Ma, in ogni caso, sicuramente gli amici più importanti e fidati di oggi continueranno a volerti bene e ad essere tuoi amici. La famiglia è quella e non cambia. Se diventi trainer professionista, come ti vedrà la tua famiglia?

MICHELE: In un altro modo, credo…

GIACOMO: Ovvero?

MICHELE: Sicuramente avrebbero di me una visione migliore.

GIACOMO: Spesso i genitori si spaventano e si irrigidiscono vedendo dei cambiamenti nel proprio figlio, ma poi, se si accorgono che sta crescendo, lo stimano di più. Siete d'accordo? Sì? Bene. Questo cambiamento, è congruente con la tua identità?

MICHELE: Sì.

GIACOMO: Chi sei tu? Un trainer, già oggi; quindi, qual è il problema? Anzi, non parlerei di problema, ma solo di stato attuale, ti pare? Finora cosa hai fatto? Hai iniziato il tuo percorso?

MICHELE: Sì, ho letto tanti libri.

GIACOMO: Tra un corso e l'altro, hai letto tanti libri; quindi ti stai condizionando. Vedete, è un percorso che lui vede lungo anche due anni, ma durante il quale continuerà a crescere. Farà corsi con me, corsi all'estero con Bandler, con Robbins e nel frattempo sta leggendo dei libri. Questo è condizionamento. Perché non basta fare un corso per "Practitioner" in PNL; se poi non mette in pratica, se non legge libri, non approfondisce, non sarà mai un practitioner in PNL. Questo è il significato. Quello che io voglio dai miei practitioner, dai futuri trainer formati da me, è che si condizionino al successo. Ecco perché ho diviso il corso in moduli, perché consiglio di leggere tanti libri e perché consiglio di darsi da fare, di mettere in pratica, di sperimentare su se stessi e sugli altri. Michele, tu segui il "Practitioner" da circa un mese e mezzo, cosa ti ha impedito di iniziarlo prima?

MICHELE: Non conoscevo questa materia.

GIACOMO: Bene, come l'hai conosciuta?

MICHELE: Attraverso internet.

GIACOMO: Tramite quale sito, in particolare?

MICHELE: Tramite il sito di Autostima.net.

GIACOMO: Bene, ci vuole un applauso! Qui so già le risposte, non vale, eh? Bene: lo stato attuale è definito, lo stato desiderato è ben definito e molto voluto. Cos'altro devi fare? Hai già iniziato, hai già fatto un primo passo, cos'altro farai a partire da domani?

MICHELE: Continuerò a leggere.

GIACOMO: Ora cosa stai leggendo?

MICHELE: Il libro *Unlimited power* di Anthony Robbins.

GIACOMO: *Unlimited power* di Anthony Robbins, un capolavoro. Bene, che risorse hai oltre ai libri o, ad esempio, ai corsi che stai seguendo?

MICHELE: Oltre ai libri che leggo e ai corsi che seguo, le persone che frequento.

GIACOMO: Le persone?

MICHELE: Sì, come te.

GIACOMO: Come me?

MICHELE: Sì, e ovviamente anche i colleghi di corso.

GIACOMO: Anche i tuoi colleghi. Bene, questo è un primo passo. Poi quali altre opzioni hai? Che altro puoi fare oltre che leggere e seguire corsi? Su quali altre risorse puoi contare?

MICHELE: Cercherò di fare coaching, anche se ancora non ho conoscenze approfondite né ho acquisito esperienza. Quindi per ora non avrei la capacità di farlo.

GIACOMO: Bene, farai pratica e acquisirai la maggior esperienza possibile, va bene. Io gli farei un applauso solo per tutto quello che ha detto! Avete visto con quanta motivazione, quanta precisione e quanto dettaglio ha definito il suo obiettivo? Ed è stato anche importante fare il discorso sull'ecologia dell'obiettivo e valutare le conseguenze del suo raggiungimento. Infatti, solo immedesimandosi nella situazione futura che si creerà a seguito del raggiungimento dell'obiettivo è possibile capire se è veramente opportuno perseguirlo o se ci sono degli svantaggi tali, nel raggiungerlo, che non vale la pena perdere i vantaggi secondari della situazione attuale. Magari, nel caso di Michele, il rischio di perdere le amicizie potrebbe avere finora sabotato o rallentato il suo obiettivo di diventare trainer; ma non credo. Quindi attenzione: individuare eventuali vantaggi o svantaggi legati al raggiungimento dell'obiettivo desiderato è parte fondamentale dell'esercizio. La paura di perdere qualcosa, infatti, è spesso ciò che più ci frena dal perseguire l'obiettivo che abbiamo in mente.

Michele, ricorda che la paura di perdere qualcosa, la paura di provare dolore sono più forti della voglia di provare piacere e rischiano di bloccare la tua motivazione. Se invece ti dico: «Intraprendi tranquillamente il tuo percorso perché anche una volta raggiunto l'obiettivo proverai piacere, anche nella nuova situazione soddisferai il tuo bisogno di amicizia» ti sto aiutando a liberarti delle tue paure.

SEGRETO n. 17: individuare eventuali vantaggi o svantaggi legati al raggiungimento dell'obiettivo desiderato è parte fondamentale dell'esercizio; infatti la paura di perdere qualcosa è ciò che più ci frena.

Ora farò sì che tu proceda effettivamente in tutta tranquillità. Ci serviremo di quella che in PNL chiamiamo **linea del tempo** o **Time-Line**, che altro non è se non uno strumento di comodo, utile per fare alcuni esercizi, per ottenere alcune visualizzazioni.

Molti libri che parlano della Time-Line la fanno un po' lunga. Molto semplicemente è il modo in cui ognuno di noi schematizza gli eventi del passato o del futuro. Cioè, se ad esempio ti chiedo: «Pensa a una cosa che hai fatto ieri» andrai a cercare l'immagine, il ricordo di quell'evento nella tua mente. Probabilmente lo andrai a cercare dietro di te, perché la maggior parte delle persone visualizza il passato alle proprie spalle. Se ti chiedo di individuare sulla Time-Line il punto relativo a un evento avvenuto cinque anni fa, probabilmente lo visualizzerai alle tue spalle e piuttosto distante da te. Se invece ti chiedo: «Cosa farai domani?» il punto relativo agli eventi previsti per la giornata di domani lo individuerai probabilmente di fronte a te, a pochi centimetri di distanza. Se, ancora, ti chiedo: «Cosa farai tra un anno?» l'immagine relativa sarà, magari, sempre di fronte a te ma a un metro di distanza.

Ma non è detto che sia così. La linea del tempo, infatti, è qualcosa di molto soggettivo; il presente e il passato possono essere visualizzati a destra, a sinistra, di fronte a sé o alle proprie spalle, ma non ci interessa più di tanto. Ciò che a noi interessa è sapere che la PNL ha scoperto che il cervello schematizza in questo modo il presente, il passato e il futuro, e non altro. Quello che a noi serve è utilizzare questo strumento per fare alcuni esercizi. Quindi, Michele, quello che ora ti chiedo di fare è di pensare a una cosa che farai nel tuo futuro, diciamo domani, per esempio. Dove la vedi?

MICHELE: Qui davanti a me, a circa un metro di distanza.

GIACOMO: Tra l'altro, lo vedete dal movimento degli occhi, ha guardato esattamente nel punto che ha indicato. Avete notato che normalmente quando qualcuno dice: «Aspetta, che ci penso un attimo» intanto guarda verso l'alto, poi a destra o a sinistra? Fateci caso d'ora in poi; lo fa perché va a cercare le informazioni esattamente dove le ha catalogate. Bene, pensa a una cosa che farai tra due anni. Dove la individui?

MICHELE: Sempre di fronte a me, ma un po' più lontana.

GIACOMO: Bene, un po' più lontana. Quindi, mi pare sia chiaro che visualizzi il futuro di fronte a te.

MICHELE: Sì.

GIACOMO: Bene. Ora pensa a un evento del passato. Ad esempio, cosa hai fatto un mese fa? Il corso da Robbins?

MICHELE: Sì lo vedo e anche il passato è davanti a me.

GIACOMO: Sempre davanti?

MICHELE: Sì, ma più in basso rispetto al futuro.

GIACOMO: Bene, quello che mi interessa è che immagini il tuo futuro, perché adesso ci concentriamo su quello. La tua linea è qua, c'è un evento previsto per domani, un evento immaginato tra due anni e così via, a varie distanze. Quello che faremo è accompagnarlo fino al momento in cui avrà già realizzato il suo obiettivo. Quindi tu adesso ti alzerai e camminerai in avanti fino ad arrivare al momento, diciamo tra due anni, come tu hai detto definendo il tuo obiettivo, in cui tu sarai un trainer. Cammina con me, avanza sulla tua linea, vai nel tuo futuro e fermati nel momento in cui sei arrivato a due anni da ora. Adesso che sei arrivato, sono passati due anni e tu puoi immaginarti, vederti mentre sei un trainer.

Guardati prima in dissociato, guardati dall'esterno, vedi Michele che è trainer, vedilo in aula; è lì, in aula, che capirai di aver raggiunto l'obiettivo. Guarda il tuo pubblico che è contento, soddisfatto, osservati mentre insegni ai tuoi allievi, mentre dai il tuo contributo: stai aiutando delle persone. Adesso immagina di entrare dentro Michele, quindi associati alla tua stessa immagine, entra dentro di lui. Guarda dai tuoi occhi le persone intorno che ti applaudono, che sono contente per te, guarda come le stai aiutando. Ascolta quello che ti dicono, gli applausi che ti fanno e quello che tu stesso ti dici: «Sono un trainer». Vivi queste sensazioni, sentile nel corpo, nel petto, lasciale espandere e godile, perché hai già raggiunto il tuo obiettivo. Sei tu e sei un trainer, a Roma, nella tua città o dovunque vuoi. Guarda quanti amici hai; guardati intorno: sono persone che ti stimano, che ti vogliono bene. Anche gli amici del tuo paesino, dicono: «Michele, sei un grande!»

Bene, adesso immagina di dissociarti di nuovo. Torna all'esterno, guarda dal di fuori il te stesso ormai realizzato che ha soddisfatto il suo obiettivo. Adesso torneremo indietro, ovvero torneremo al presente, e tu intanto cosa farai? Mentre indietreggi, riavvolgerai tutto come fosse un film, ripercorrendo al contrario tutti gli eventi che ti hanno portato a raggiungere il tuo obiettivo, quindi ad essere un trainer.

Rivedrai i vari corsi che hai fatto, le decine di libri che hai letto, fino al primo passo, fino ad oggi, fino al libro che leggerai domani. Ti è chiaro? Quindi, quando sei pronto tornerai indietro, tornerai al presente. Bene, pian piano, lascia che l'inconscio registri tutte queste informazioni. Ora fai un bel sorriso, guarda l'idea di essere un trainer, guarda questa immagine. Come ti senti? Guardate che sorriso! Facciamogli un applauso! Va bene, ti ringrazio. Che bello vedere le facce sorridenti! **

SEGRETO n. 18: la Time-Line permette di schematizzare gli eventi del passato o del futuro; è uno strumento di comodo, utile per fare alcuni esercizi e ottenere alcune visualizzazioni.

Dopo aver letto questa dimostrazione, ti è un po' più chiaro l'esercizio sugli obiettivi? Non siamo andati veramente nel futuro, era una visualizzazione, un'immaginazione, nulla di più, nulla di così particolare. Però l'idea di camminare, di andare esattamente dove immagini che arriverai da qui a due anni, ti permette di immedesimarti meglio, di visualizzare meglio il tuo obiettivo raggiunto. Nel momento in cui vivrai quelle sensazioni, assocerai un piacere enorme all'aver raggiunto l'obiettivo. Questo è il condizionamento proprio della Nuova Legge di Attrazione: abituarti a sentire piacere ogni volta che ti avvicini al tuo obiettivo. Ogni volta che fai un passo sai che stai andando nella giusta direzione, che si tratti di leggere un libro, di fare un corso o qualunque altra cosa, fino al raggiungimento del tuo obiettivo.

Nella dimostrazione, Michele ha visualizzato il momento in cui, a distanza di due anni, è un trainer. Attenzione, non "sarà" un trainer, ma "è" un trainer, tempo presente e non futuro. La linguistica che usi è importante e io ho usato volutamente il tempo presente. Vivi al presente il raggiungimento degli obiettivi. Prima in dissociato, in modo da guardare la situazione dall'esterno, poi in associato, entrandoci, e poi di nuovo in dissociato. In questo modo potrai godere del piacere provocato dalle sensazioni positive quando sei in associato. Poi, però, dovrai distaccarti subito, uscendo dal te stesso del futuro, perché devi ricordare che ancora non hai raggiunto l'obiettivo e deve quindi rimanerti il desiderio di provare nuovamente quel piacere, di sentirti di nuovo dentro quella sensazione.

Devi pensare: «Voglio arrivare lì, perché è stato veramente bello immaginare di aver raggiunto il mio obiettivo, perché è l'espressione della mia motivazione e dei miei valori più profondi». Al tempo stesso, mentre torni indietro, immagina di riavvolgere tutto come fosse una videocassetta, di ripercorrere tutti gli eventi che ti hanno portato a quell'obiettivo. Torna al presente e goditi la sensazione che hai portato con te. Come ha detto Michele nella dimostrazione, visualizzare rende più vicino l'obiettivo. Il cervello funziona così, Bandler ha scoperto questo meccanismo e noi lo utilizziamo per rendere più concreto un obiettivo, tutto qui.

Vuoi provare anche tu questo esercizio? Prenditi cinque minuti e ripetilo velocemente, senza soffermarti troppo. Scegli una direzione, chiedendoti: «Dove voglio andare? Dove vedo il mio futuro? Laggiù? Bene, cammino fino a raggiungerlo»; poi chiediti: «Entro quanto tempo voglio conseguire il mio obiettivo?», «Un anno», e cammina sulla linea del tempo sino al punto in cui avrai raggiunto l'anno da ora.

Poi immedesimati. Guardati prima in dissociato, poi in associato, poi di nuovo in dissociato e, infine, torna indietro riavvolgendo il tutto. È molto facile. Buon lavoro!

RIEPILOGO DEL GIORNO 3:

- SEGRETO n. 11: un buon obiettivo deve essere espresso in positivo, quindi deve dire ciò che intendi essere o fare e non ciò che non vuoi più essere o fare.
- SEGRETO n. 12: la realizzazione del tuo obiettivo deve dipendere esclusivamente da te, solo così potrai assumerne la piena responsabilità.
- SEGRETO n. 13: il tuo obiettivo è misurabile se ti sei dato dei parametri che ti permetteranno di capire di averlo raggiunto.
- SEGRETO n. 14: l'obiettivo deve mantenere l'intenzione positiva dello stato attuale, ovvero il cosiddetto "vantaggio secondario".
- SEGRETO n. 15: un obiettivo è ecologico nella misura in cui non è contrario ai propri valori e non mette a rischio la propria salute.
- SEGRETO n. 16: per parlare di scelta devi avere un ventaglio di almeno tre possibili strade che conducano al tuo obiettivo; se ne hai soltanto due non sei di fronte a una scelta ma a un dilemma.
- SEGRETO n. 17: individuare eventuali vantaggi o svantaggi legati al raggiungimento dell'obiettivo desiderato, è parte fondamentale dell'esercizio; infatti la paura di perdere qualcosa, è ciò che più ci frena.
- SEGRETO n. 18: la Time-Line permette di schematizzare gli eventi del passato o del futuro; è uno strumento di comodo, utile per fare alcuni esercizi e ottenere alcune visualizzazioni.

GIORNO 4:
Condizionarti al Successo

Se vuoi trasformare un sogno in realtà, con la Nuova Legge di Attrazione devi imparare a condizionarti nel tempo, a eseguire certe azioni, a seguire strategie specifiche e mirate come le mie; devi abituare il cervello e le neuro-associazioni, ossia le associazioni tra i neuroni, a funzionare in un dato modo. Come accennavo in precedenza, in PNL il termine "programmazione" sta a indicare che il cervello è come un computer nel quale girano dei programmi, dei software.

Questi "software" sono, in un certo senso, dei modelli che condizionano il nostro modo di reagire alle situazioni. Ad esempio, una persona dall'atteggiamento sgarbato ci fa innervosire. La PNL ha studiato il funzionamento di questi programmi, delle abitudini apprese o innate, e ha enucleato delle strategie per creare nuove abitudini che vadano nella direzione scelta, che io applico nella formazione e che ti insegniamo in questa guida.

Una direzione non attribuita dal caso o dalla propria cultura e neanche dai condizionamenti che ti hanno dato i genitori o gli insegnanti, ma stabilita per tua scelta. La definizione che Robbins dà della sua tecnica richiama quella di PNL, si chiama infatti Condizionamento Neuro-Associativo (CNA). La sigla è diversa sia per motivi di marketing, sia per evitare il fraintendimento cui può portare l'uso del termine "programmazione".

L'episodio che sto per raccontarti ti aiuterà a capirne i motivi. Un giorno, durante un corso, arriva una persona da Robbins e gli dice: «Ehi Robbins, ti ricordi di me?» e lui risponde: «Be' in questo momento no, sai, ho fatto formazione con 50 milioni di persone, sinceramente non mi ricordo di te». E l'altro: «Ho fatto una terapia del fumo con te, mi ha aiutato a smettere di fumare, ma devo dirti che hai fallito.» «In che senso ho fallito?» dice Robbins «Fammi capire la situazione. Hai fatto questa terapia del fumo con me, quanti pacchetti fumavi?» «Quattro pacchetti al giorno.» E Robbins: «Ah, e poi per quanto tempo hai smesso?» «Be', ho smesso per un anno e mezzo/due anni, poi però ho avuto un problema e ho ripreso a fumare; adesso fumo di nuovo quattro pacchetti al giorno.» «Tu mi stai dicendo che fumavi quattro pacchetti al giorno, poi hai fatto una sola sessione di un'ora con me, hai smesso di fumare per due anni e io ho fallito?» E l'altro risponde: «Sì, tu hai fallito perché mi hai *programmato* male».

Robbins da allora ha riflettuto sull'accaduto e soprattutto sul malinteso nato dall'uso del termine "programmazione", la cui metafora non indica che le persone possano venire "programmate" dai loro trainer, ma si riferisce, come ti ho detto poco fa, ai programmi, alle abitudini, agli schemi che girano nella mente. Per questo motivo Robbins ha scelto di usare un'altra metodologia che sottolinei il fatto che lui non "programma" le persone, ma fornisce loro gli strumenti per condizionarsi, aiutandole a trovare o ritrovare la motivazione; la responsabilità del successo o dell'insuccesso è, però, di entrambi.

Egli garantisce i suoi strumenti, sicuramente i migliori e i più efficaci e rapidi, ma sta poi al cliente proseguire il suo cammino con impegno. Il termine "condizionamento" indica che ci deve essere una condivisione di responsabilità tra il coach e il cliente; così come avviene, ad esempio, tra l'allenatore e la squadra di calcio. Non si può pretendere che l'allenatore porti la squadra a vincere un campionato con la sua sola capacità. Non basta il suo impegno. Egli può motivare la squadra, estrarre le migliori risorse dalle persone, fornire delle strategie, degli schemi di gioco, ma sta poi ai giocatori disputare le partite seguendo le sue indicazioni.

La responsabilità, cioè, deve essere sopportata da entrambi. Il trainer, il coach, l'allenatore o chiunque sia, non può assumersi l'onere dei risultati di una persona. Allo stesso modo come trainer io posso darti motivazione, insegnarti delle strategie, suggerirti in che modo agire, ma poi sta a te, a partire da domani, impegnarti e condizionarti al successo, prenderti venti minuti a settimana o al giorno, questo lo deciderai tu, per pianificare i tuoi obiettivi.

Questo è uno dei motivi per cui il mio corso per diventare "Practitioner" in PNL non viene svolto tutto di seguito, il che darebbe sicuramente una grande carica e moltissime informazioni, ma non permetterebbe di assimilarle tutte adeguatamente e non darebbe la possibilità di creare un condizionamento.

Dividendo invece il corso in moduli svolti a distanza di un mese l'uno dall'altro, i partecipanti, nelle pause, hanno la possibilità di leggere dei libri, rivedere gli argomenti trattati, scrivere i propri obiettivi e portarli avanti. La volta successiva avranno la possibilità di chiarire eventuali dubbi e di approfondire la conoscenza degli altri corsisti, soddisfacendo così il proprio bisogno di legame e di appartenenza a un gruppo, con persone con cui condividono la focalizzazione sugli obiettivi, sulla crescita personale e quindi il condizionamento al successo. Questa è una differenza molto importante.

SEGRETO n. 19: il condizionamento al successo parte dal trainer, ma sarà poi l'allievo che dovrà continuare a condizionarsi nel tempo a raggiungere il proprio obiettivo.

Perché il vero motivo del condizionamento è condizionarsi al successo. Hai mai sentito parlare di Ivan Pavlov? Pavlov era un medico fisiologo che all'inizio del secolo scorso, eseguendo degli esperimenti sui cani, scoprì il cosiddetto "riflesso condizionato". Per qualche giorno di seguito, egli abbinò il suono di un campanello all'atto di dare il cibo ai suoi cani. In conseguenza di questo in breve tempo nei cani si creò un'associazione tra suono del campanello e cibo, tanto che appena sentivano il tintinnio cominciavano a salivare, anche se il cibo non veniva somministrato. Ormai il campanello era stato associato alla fame, all'idea del pasto. Questo meccanismo è chiamato "condizionamento classico" e oggi sembra scontato. Perché, ad esempio, durante gli anni della scuola, nel sentire la campanella che annunciava il termine delle lezioni, improvvisamente avvertivi una sensazione di benessere? È un condizionamento. Ti hanno abituato che al suono della campanella potevi alzarti dal banco e tornare a casa, ed è per questo che eri ben felice di sentirla trillare.

"Ancoraggio" è il nome che la PNL ha dato a questo fenomeno, una forma di condizionamento creato per scelta. Se vuoi ancorare uno stato di benessere, che ti faccia sentire forte, ad esempio, aiutandoti con la fisiologia e con altre tecniche specifiche, dovrai richiamare alla mente una situazione in cui hai vissuto una sensazione di benessere molto forte e ancorarla a una parola, un grido, un gesto, la stretta di un pugno. In questo modo, ogni volta che vorrai, quella parola o quel gesto potranno farti recuperare la stessa sensazione positiva.

Dalla nostra esperienza e da quella di tante altre persone abbiamo imparato che l'ancoraggio non si può apprendere dai libri perché ci sono molte piccole sfumature che determinano la riuscita dell'esercizio che va quindi sperimentato e perfezionato con la pratica. Lo stimolo, ad esempio, deve essere ripetuto in modo identico a quando si è creato l'ancoraggio; ancor più non deve essere banale come la stretta di un pugno, ad esempio, perché è un gesto che compiamo abitualmente per tanti motivi diversi, rabbia, soddisfazione, gioia, e può quindi essere associato a vari stati d'animo. Ciò creerebbe confusione e non si verificherebbe più un'associazione immediata tra gesto e sensazione.

Il gesto deve invece essere unico e stimolare una precisa neuro-associazione e, come afferma Robbins, che non a caso parla di condizionamento neuro-associativo, deve essere condizionato nel tempo rivedendo le tecniche e riutilizzando gli ancoraggi. Secondo Robbins, così come secondo i fondatori della PNL Bandler e Grinder, il condizionamento è continuamente presente nella nostra vita; tutti noi siamo pieni di ancoraggi. Molte canzoni che utilizzo nei miei corsi, ad esempio, sono motivanti, allegre, la musica di Rocky, per esempio, sicuramente mette in uno stato di eccitazione, di motivazione.

Ti è mai capitato che una canzone risvegliasse in te ricordi e sensazioni legate a momenti della tua vita, magari a un rapporto d'amore? O che un profumo ti ricordasse una persona, o una situazione particolare? Sicuramente sì. Quando tengo dei corsi, ho notato che l'accensione dei riflettori viene istintivamente associata dai partecipanti alla ripresa del lavoro. I corsisti smettono di fare l'esercizio e riprendono posto, ponendosi in uno stato di attenzione e di focalizzazione su di me. Questo è un ancoraggio.

Qual è la differenza tra ancoraggio e condizionamento? L'ancoraggio può essere creato anche in una sola volta, ponendosi in uno stato emozionale talmente forte da ancorarsi a una certa associazione che non si perde più. La fobia è un esempio di ancoraggio di questo tipo. Può accadere di provare un senso di paura talmente forte, ad esempio, nei confronti di un cane da cui si è stati aggrediti, da continuare ad associare i cani al senso di panico, a meno che non si spezzi l'ancoraggio creandone uno diverso con apposite tecniche.

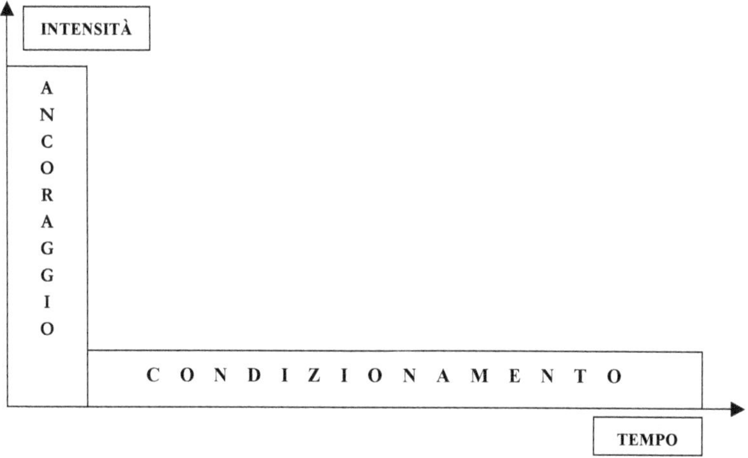

Il condizionamento, invece, avviene nel tempo; l'abitudine si crea pian piano senza che ci sia bisogno di raggiungere livelli emotivi alti. Attraverso la PNL, che ha studiato il funzionamento del cervello basato su abitudini e programmi, ti puoi creare delle abitudini potenzianti che ti portino al successo. Ecco in cosa consiste la "programmazione": nel programmarsi al successo semplicemente utilizzando meccanismi già presenti nella nostra mente, nella nostra vita.

SEGRETO n. 20: l'ancoraggio, a differenza del condizionamento, può essere generato anche da un solo picco emotivo particolarmente intenso.

Piacere e dolore sono le basi del condizionamento neuro-associativo; come accennavo anche nelle pagine precedenti, istintivamente ci sentiamo motivati a raggiungere il piacere e a stare lontani dal dolore, quindi "verso" il piacere e "via" dal dolore. Attraverso queste due forze, queste due energie, puoi condizionarti veramente al cambiamento e al successo.

Ecco perché negli esercizi sugli obiettivi che ti propongo in questa guida ti inviterò a fare delle vere e proprie visualizzazioni; se "programmi" il cervello a vederti già nel risultato raggiunto, assocerai talmente tanto piacere, talmente tanta estasi, che automaticamente ti dirigerai in quella direzione. Al tempo stesso dovrai associare dolore alla situazione presente, quella che non ti piace, alle tue convinzioni limitanti che ti impediscono di migliorare, ovvero a quello che, come sai, viene definito lo "stato attuale".

Questo è quello che faccio fare ai miei allievi quando si rivolgono a me perché, ad esempio, desiderano cambiare lavoro. Li invito a dirmi cos'altro vorrebbero fare e come si sentirebbero svolgendo il lavoro cui aspirano, associando piacere. Poi chiedo cosa provoca loro sofferenza nella situazione attuale e quanto dolore ha procurato loro continuare a fare il lavoro che non amano, associando dolore al presente, allo stato che vogliono cambiare. Spesso bisogna arrivare a toccare il fondo per trovare la spinta che allontani dal dolore e la forza che trascini verso il piacere. In questo modo ci si trova tra due forze che spingono entrambe nella stessa direzione; automaticamente, al livello inconscio, comincerai a seguirla, a vedere le opportunità, ad essere focalizzato su ciò che ti interessa, sugli obiettivi e andrai tranquillo per la tua strada.

SEGRETO n. 21: l'alternanza tra piacere e dolore è alla base del condizionamento neuro-associativo; infatti istintivamente

siamo attratti da ciò che ci dà piacere e tendiamo ad allontanarci da ciò che può procurarci dolore.

Per realizzare i tuoi sogni e raggiungere i tuoi obiettivi, la Nuova Legge di Attrazione consiglia di sfruttare al massimo la mente inconscia attraverso tecniche di **visualizzazione**. Infatti se ti cali nei panni della persona che raggiungerà l'obiettivo, se ti vedi mentre l'hai già raggiunto e stai facendo esattamente quello che vuoi, assocerai talmente tanto piacere che questa visualizzazione ti porterà ad andare inconsciamente verso quella direzione.

Ricordo di aver fatto un esercizio di visualizzazione per il raggiungimento degli obiettivi tanti anni fa, durante il mio primo corso di PNL e di aver scritto degli obiettivi che volevo raggiungere. Alcuni mesi dopo, a un corso più avanzato, ho incontrato una persona che mi ha detto: «Giacomo, come va? Hai cambiato casa?» E io ho risposto: «Sì ho traslocato un mese fa, ma tu come fai a saperlo? Non ci vediamo da quasi un anno!» Allora mi ha detto: «Ti ricordi? Avevamo fatto insieme l'esercizio di visualizzazione e il tuo obiettivo era quello di cambiare casa».

Io non lo ricordavo assolutamente, non avevo più rivisto gli appunti se non subito dopo aver fatto il corso e avevo completamente dimenticato di aver fatto questo esercizio e di aver avuto quell'obiettivo. Tornando a casa la sera ho ripreso il quaderno degli appunti di quel primo corso e ho verificato che effettivamente il mio obiettivo fosse cambiare casa. L'avevo formulato nella maniera giusta, con tutte le specifiche e avevo fatto l'esercizio di visualizzazione, quindi mi ero visto nella casa nuova. Il secondo obiettivo che avevo scritto era diventare formatore ed effettivamente già facevo formazione da alcuni mesi.

Quindi entrambi gli obiettivi che avevo visualizzato e formulato correttamente in quell'esercizio svolto durante un corso si erano realizzati. Tra l'altro, come ben sai, nella formulazione di un buon obiettivo occorre inserire una scadenza temporale e io avevo raggiunto ciò che mi ero prefissato molto prima della scadenza stabilita. Se me lo avesse raccontato qualcun altro non ci avrei creduto, avrei voluto verificare, ma è successo a me e posso assicurarti che ha funzionato. Non so spiegarti in che modo questo avvenga, ma posso dirti semplicemente che la mente funziona così.

Il lavoro che ha fatto Bandler quando ha inventato la PNL è stato molto semplice; non si è chiesto il perché delle cose, il perché del funzionamento di una data tecnica, o della paura di affrontare alcune esperienze come un colloquio di lavoro, un esame o un discorso in pubblico, tutte circostanze che ci portano a visualizzarci una specie di film in cui va tutto male tanto da aumentare il nostro senso di ansia e timore. Bandler non si è interessato a scoprire perché il cervello funzioni in un certo modo, ma ha provato a utilizzare lo stesso meccanismo cerebrale in maniera potenziante, positiva. Chiedendo, ad esempio, a una persona timorosa di parlare in pubblico di visualizzarsi mentre lo fa e tutto va per il meglio, la gente applaude, le persone sono soddisfatte, e di sfruttare il suo dialogo interiore per dirsi cose potenzianti come: «Va tutto bene, le persone sono soddisfatte di me, quanto sono felice di stare qui e vedere che tutti mi applaudono».

Una persona che si è visualizzata mentre tutto va per il meglio e si è motivata con un dialogo interiore positivo, sicuramente proverà sensazioni di benessere e, rivedendo questo filmato dentro di sé per tante e tante volte, quando alla fine affronterà davvero l'esame, il colloquio o il discorso in pubblico le sembrerà di vivere un'esperienza che ha già affrontato più volte. Quando ho conosciuto questa tecnica e l'ho utilizzata per gli esami all'Università la mia situazione è cambiata radicalmente. Quelli che prima erano stati emotivi di nervosismo, sono diventati stati emotivi di sicurezza assoluta. Ovviamente il voto dipendeva comunque da quanto avevo studiato, perché non bastano le convinzioni e le visualizzazioni. Tuttavia ricordo anche che nei primi esami, in cui non conoscevo queste tecniche, andavo benissimo allo scritto, ma all'orale, per quanto avessi studiato, lo stato di nervosismo prendeva il sopravvento e mi faceva scendere di tre, quattro, cinque punti.

Al contrario, avevo un mio amico che studiava poco e allo scritto non andava mai bene, prendeva 18 o 19, ma all'orale si sentiva molto sicuro di sé, non sapeva neanche lui come facesse ma riusciva sempre a migliorare la sua votazione. Alla fine avevamo più o meno la stessa media, solo che lui non era capace di fare gli esercizi ma era bravissimo all'orale e io il contrario. Negli ultimi esami invece è cambiata la situazione: ero bravissimo nello scritto e anche più bravo all'orale, perché avevo imparato a comunicare più efficacemente, a usare il mio paraverbale - il mio tono di voce, ad esempio, era molto sicuro -, avevo delle convinzioni potenzianti su di me e sul fatto che il professore mi giudicasse non solo per come avevo studiato ma anche per come ero in grado di esporlo. Le visualizzazioni positive che mi ero fatto, ovviamente, mi aiutavano.

Se sei convinto di qualcosa, comincerai a comportarti di conseguenza e alla fine otterrai il risultato cui aspiravi; se penserai che l'esperienza che stai per affrontare sarà un successo e tutti ti apprezzeranno è altamente probabile che sarà così. Se, al contrario, ti farai visualizzazioni sbagliate e filmati in cui va tutto male, ti accompagnerà un senso di paura che ti porterà al fallimento. In generale, in PNL non si è inventato nulla di nuovo, ma sono stati scoperti dei meccanismi già presenti nella mente umana che possono essere semplicemente riutilizzati in maniera potenziante.

Le convinzioni che abbiamo possono infatti essere usate in maniera potenziante; le visualizzazioni, ad esempio, nascono dal presupposto che «il cervello non distingue la realtà da una cosa vividamente immaginata». Quindi, a livello di percezioni, di sensazioni, di immagini mentali, di neurologia, realtà e visualizzazione sono la stessa cosa e gli effetti prodotti sono i medesimi.

Se cominci a immaginare, a visualizzare di spremere un limone facendo cadere qualche goccia sulla lingua, la tua salivazione comincerà a cambiare. Se pensi a un gesso che stride sulla lavagna facendo quel rumore terribile che ben conosci, sentirai un brivido percorrerti la schiena. Se all'ora di pranzo pensi a un bel piatto di pasta all'amatriciana, comincerai ad avere l'acquolina il bocca esattamente come i cani di Pavlov e senza bisogno del campanello! Basterà l'immagine della pasta, che è sempre un ancoraggio. Questo perché sei abituato a vedere la pasta quando stai per mangiare e quindi quella visione risveglia in te lo stato di fame e di eccitazione da cibo.

Le cose vividamente immaginate sono quindi uguali alla realtà, e sottolineo diverse volte il termine "vividamente" perché le visualizzazioni vanno eseguite nei dettagli. Non basta farsi un filmato generico, bisogna viverlo e deve avere determinate caratteristiche; in particolare deve essere "multisensoriale", ovvero bisogna utilizzare tutti i sensi, la vista, l'udito e il cinestesico, come lo chiamiamo in PNL, cioè le sensazioni, il tatto, il gusto e l'olfatto.

Quando visualizzi un'immagine, quindi, unisci anche i suoni che senti, quello che ti dici nel tuo dialogo interiore e concentrati sul punto in cui nasce la sensazione che provi: nella pancia, nello stomaco, nel petto, nel cuore. O provi un formicolio dappertutto?

Le sensazioni sono soggettive; ognuno associa alla rabbia, alla paura, alla felicità sensazioni diverse da un punto di vista fisiologico; puoi però muoverle, amplificarle, diminuirle e via di seguito. Gli esercizi di visualizzazione si usano tantissimo nel coaching sportivo. Quando viene da me una persona che fa sport, non solo al livello amatoriale ma anche calciatori o tennisti professionisti che io seguo personalmente, la visualizzazione è uno degli esercizi di base. Perché per rendere perfetti alcuni movimenti, ad esempio la battuta nel tennis, bisogna visualizzarla tantissime volte, analizzarsi in ogni minimo particolare, vedere i propri muscoli agire nella maniera più precisa e perfetta che possa esserci, perché così facendo il nostro corpo si abitua ad agire in quel modo.

L'allenamento mentale non sostituisce ovviamente quello tecnico e la preparazione fisica, ma è ancora una volta un supporto, una cosa in più. Anche Beppe Signori, grandissimo calciatore, ha avuto un momento di debolezza dopo essere stato capocannoniere. Così si è rivolto a Robbins e ha fatto dei corsi sulla motivazione, sulle convinzioni e sull'allenamento mentale, sia negli Stati Uniti che qui in Italia, riuscendo a ritrovare la sua forma. Lo stesso è avvenuto al grande tennista Andre Agassi che ha avuto come coach personale Robbins.

Agassi, che era primo in classifica, era retrocesso oltre il centesimo posto. Dopo l'incontro con Robbins è tornato ad essere tra i primi. Essendo stato un campione, e avendo quindi già realizzato degli obiettivi, doveva semplicemente riaccedere a stati di motivazione che aveva già provato, doveva solo ritrovare la sua forma. Robbins ha fatto rivedere ad Agassi i filmati delle sue partite e gli ha fatto notare la differenza tra la sua fisiologia e la sua postura nelle partite che aveva vinto e quelle che aveva perso. Nelle prime entrava in campo con uno sguardo sicuro, concentrato, con le spalle larghe e il petto in fuori, mentre nelle ultime, quando aveva cominciato a perdere ed era crollato nella classifica, aveva spalle basse, sguardo perso, ed era completamente deconcentrato.

Hai mai visto i film della serie *Rocky*? Se lo hai fatto avrai notato la differenza nello stato d'animo del protagonista tra l'inizio e la fine del film *Rocky IV*, nel corso del quale muore il suo amico Apollo Creed. All'inizio Rocky è distrutto, va sul ring abbattuto, triste, perché ha perso un compagno, lo sguardo è spento, deconcentrato. Quando alla fine del film torna sul ring, dopo un durissimo allenamento per sfidare Ivan Drago, i muscoli sono tesissimi, è al massimo della concentrazione. Il suo sguardo è quello della tigre: *Eye of the tiger*, infatti, è il titolo di una delle canzoni più famose della colonna sonora. Robbins, per esempio, ha lavorato anche con Stallone e ci ha raccontato la sua storia.

Una storia lunghissima, fatta di miseria e di povertà; Stallone non poteva neanche permettersi di mangiare e passava intere giornate a digiuno, tanto che arrivò a vendere il suo cane a cui era affezionatissimo per 50 dollari, per potersi comperare del cibo per qualche giorno. Una notte, dopo aver assistito a un incontro di pugilato, ha avuto un'illuminazione e ha scritto la sceneggiatura del primo Rocky. Ha cominciato quindi a proporla ad alcuni registi e dopo una serie di rifiuti ha ricevuto una proposta. Qualcuno finalmente l'aveva trovata interessante e promettente: «Bellissima» gli dissero «ti diamo 25.000 dollari», una cifra enorme per Stallone, all'epoca.

Aveva appena venduto il suo cane per 50 dollari, aveva problemi anche a comperarsi qualcosa da mangiare, era disperato, ma nonostante questo pose una condizione: doveva essere lui il protagonista del film. Il regista rifiutò decisamente, invitandolo a vendere la sceneggiatura e accettare l'offerta che gli era stata fatta. Stallone insistette: «No, voglio fare l'attore, Rocky sono io»; pensa come delle convinzioni forti sulla propria identità, una visione chiara della direzione che si sta seguendo, possano diventare bisogni addirittura più urgenti di quelli fisiologici.

Nel capitolo successivo approfondiremo il discorso parlando della "Piramide dei bisogni" teorizzata da Abraham Maslow nel 1954. Oggi, nei paesi occidentali, i bisogni fisiologici si considerano già soddisfatti, tranne rari casi, ma pensa a una persona oggi ricchissima e famosa che allora era in uno stato di assoluta indigenza. Il regista, vedendo che l'attore era irremovibile, alzò la sua offerta: 50.000 dollari, 100.000 dollari, 250.000 dollari. Stallone continuò a rifiutare: «No, io sono Rocky» e se ne andò. Dopo qualche tempo venne richiamato dal regista, che aveva deciso di affidargli la parte e offrirgli i 25.000 dollari iniziali.

La prima cosa che fece con quei soldi fu andare dalla persona a cui aveva venduto il cane offrendogli 100 dollari per ricomprarlo, ma l'altro rifiutò; fu una trattativa lunghissima e alla fine si accordarono su 5000 dollari più una parte all'interno del film sia per lui che per il cane, che è il famoso Birillo, fedele compagno di Rocky. Stallone è una persona che aveva veramente toccato il fondo e, nonostante questo, non ha rinunciato alla sua identità, alle sue convinzioni, ai suoi valori, e per questo, secondo me, merita tutto il successo che ha avuto.

SEGRETO n. 22: il cervello non distingue la realtà da una cosa vividamente immaginata, quindi la nostra psiche vive una visualizzazione come un evento realmente accaduto.

Molte persone che hanno fatto il corso con Robbins mi hanno detto: «Sì, è bravo, ma applica la PNL senza spiegartela bene e quindi rimani dipendente e poi è molto commerciale, ti deve vendere per forza gli altri suoi corsi, impiega addirittura due ore del corso solo per parlare della Master University». Sono andato lì, quindi, abbastanza scettico, con questi dubbi che mi avevano trasmesso. Ma conoscendo molto bene la PNL, posso dirti che Robbins ha usato le sue tecniche in maniera talmente costruttiva per le persone che partecipavano e con un evidente intento di aiutare, che secondo me si merita ampiamente di pubblicizzare il suo percorso.

Spesso la PNL viene vista come manipolazione perché utilizza delle tecniche che aiutano a vendere meglio, ma se il prodotto che si vende è valido ed è davvero quello giusto per la persona che lo acquista, vale la pena usarle. La stessa cosa accade in altri ambiti. Un medico, ad esempio, deve dire la verità, ma può farlo in una maniera potenziante, che aiuti il paziente a sentirsi meglio, a porsi in uno stato mentale che può agevolare la cura stessa. È utile, quindi, usare un linguaggio apposito, ben strutturato; il resto dipende dalla propria etica, ma nel momento stesso in cui comunichiamo, trasmettiamo comunque i nostri valori sia consapevolmente, usando delle suggestioni, che inconsapevolmente. Io penso sia meglio usarle con cognizione di causa.

Ad esempio, per quanto riguarda le convinzioni, pensa a quanti professori, seppur con l'intenzione di aiutare i propri alunni, forniscono loro delle suggestioni negative sulla propria identità, magari convincendoli che non sono portati per una certa materia; le conseguenze delle convinzioni di questo tipo spesso si pagano per tutta la vita. Attenzione, quindi, all'uso del linguaggio. E questo avviene sempre perché «il cervello non distingue la realtà da una cosa vividamente immaginata». Quando qualcuno, quindi, afferma qualcosa sulla nostra identità, soprattutto se è una persona che noi riteniamo autorevole e siamo emozionalmente coinvolti, ci faremo delle immagini che ci appariranno vere tanto quanto la realtà.

Tornando alla visualizzazione, è necessario che tu comprenda a fondo la differenza che c'è tra "associato" e "dissociato" cui abbiamo accennato nel capitolo precedente. Si parla di dissociato quando vedi te stesso compiere un'azione, ad esempio parlare in pubblico; vedi che va tutto bene, ma senza viverne le sensazioni. Si parla invece di associato quando entri nell'immagine; non vedrai te stesso parlare davanti al pubblico, ma direttamente il pubblico, la stanza in cui dovrai parlare o sostenere il tuo esame. Pensa, ad esempio, di visualizzarti mentre sei sulle "montagne russe", ma da fuori, in dissociato. Tu sei tranquillamente seduto sulla panchina mentre ti vedi schizzare su e giù, fare il "giro della morte" e via di seguito.

Ti emoziona? Assolutamente no, non provi nessuna emozione perché ti stai guardando dal di fuori. Viceversa, se proverai a visualizzarti in associato, mentre sei seduto sul vagone delle montagne russe e vedi davanti a te il binario che sale e poi scende improvvisamente, senti lo stomaco in gola e poi di improvviso una sensazione di vuoto e vivi il giro della morte, sarà tutto molto diverso.

Ti propongo un velocissimo esercizio di visualizzazione perché tu possa sperimentarla; la PNL, infatti, è pratica e devi provarla in prima persona. Alzati in piedi, metti il braccio dritto davanti a te puntando il dito; ora fai una rotazione con il busto e il braccio verso l'esterno, e vedi dove riesci ad arrivare - ruota sempre nel senso del braccio che hai alzato -, poi torna alla posizione di partenza e abbassa il braccio.

Adesso immagina solamente di stare con il braccio teso e di girare esattamente come hai fatto prima e poi torna nella posizione iniziale, ma solo con la mente. Sicuramente ti accorgerai che puoi andare 10 centimetri oltre il punto dove sei arrivato prima, superalo di altri 10 centimetri, tanto è solo con il pensiero, solo con la mente, puoi farlo e poi torna alla posizione di partenza. Fallo ancora una volta e adesso superalo di 50 centimetri. Immagina di avere il corpo di gomma, puoi riuscire ad andare anche un metro oltre, provaci e poi torna al punto iniziale.

E infine un'ultima torsione mentale: immagina di essere veramente di gomma e di poter fare un giro intero su te stesso, un giro di 360 gradi come si vede nei cartoni animati, sempre con il braccio teso davanti a te. Poi fai un altro giro, due giri su te stesso, 360 gradi per ben due volte, solo con il potere della mente. Ora torna al punto di partenza, riapri gli occhi, metti il braccio teso davanti a te e rifai l'esercizio di prima, gira e prova a vedere dove arrivi, di quanto riesci a superare il punto.

Questa è una piccola dimostrazione di come la visualizzazione abbia un effetto reale. Ti ho fatto fare prima l'esercizio in prima persona e poi solo immaginandolo, non a caso, ma per farti notare la differenza. In questo modo hai dato al tuo cervello la possibilità di andare oltre; la visualizzazione ti serve a questo: a rendere possibili i tuoi obiettivi.

Se nella nostra vita ci visualizziamo sempre mentre le cose vanno male - dobbiamo parlare in pubblico e cominciamo a sudare, ci si blocca la voce, le persone sono insoddisfatte -, otterremo proprio quello, perché è l'unica via che abbiamo dato alla nostra mente. Hai fatto l'esercizio che ti ho proposto solo tre volte e sicuramente hai superato il punto iniziale di parecchio. Pensa a ciò che puoi ottenere visualizzandoti mentre hai raggiunto uno dei tuoi obiettivi con successo non una volta sola, ma cinquanta, cento volte.

In America è stato fatto un esperimento su una squadra di basket i cui componenti, tutti professionisti, sono stati divisi in due sottosquadre: una è stata allenata solo mentalmente, un'altra solo fisicamente. L'allenamento mentale consisteva nel visualizzarsi mentre facevano canestro prima in dissociato, dall'esterno, studiando tutti i movimenti, il muscolo che spingeva, il movimento delle spalle, dell'anca, delle gambe, poi in associato. Per due settimane è stato svolto questo allenamento e alla fine le due sottosquadre hanno fatto una gara. Quale credi che abbia vinto? Ovviamente quella che aveva seguito solo l'allenamento mentale, perché i giocatori avevano perfezionato a tal punto ogni singolo movimento del lancio della palla da aver raggiunto risultati molto più rilevanti.

Quelli che avevano fatto l'allenamento fisico avevano solo continuato per altre due settimane ciò che era stato fatto per anni, non era cambiato granché, mentre la parte mentale aveva dato all'altra squadra quella spinta in più, aveva portato a quel perfezionamento che poi ha dato i risultati migliori. Mentre in Italia è ancora poco diffusa come tipologia di allenamento, in America la PNL è molto usata nel golf, dove quasi tutti hanno un coach personale, che non solo li aiuta nel movimento fisico ma li prepara nel vedersi mentre fanno quel gesto con il braccio teso, impugnando la mazza. In questi sport, sono due millimetri che fanno la differenza; colpire la palla in maniera leggermente diversa vuol dire mandarla nel lago piuttosto che in buca.

SEGRETO n. 23: sfruttando il potente condizionamento dato dalle visualizzazioni, la Nuova Legge di Attrazione ti aiuta a ottenere risultati, perché questa sarà la via che avrai indicato alla tua mente.

Il condizionamento e la visualizzazione sono strumenti molto potenti per realizzare i tuoi sogni, veri e propri pilastri, e attraverso ulteriori esercizi e dimostrazioni ti farò vedere come sia possibile unificarli visualizzando gli obiettivi e condizionandosi a farlo. Ricordati di associare piacere e dolore. Robbins, per esempio, cita moltissime esperienze addirittura nell'educazione dei figli. La figlia aveva un fidanzato che pretendeva di essere chiamato al telefono moltissime volte al giorno e se lei lo faceva con una frequenza normale le diceva: «Ah, però, non mi chiami mai!» Quando poi lo chiamava, anziché dirle: «Come sono felice di sentirti», così da associare piacere alla telefonata, la faceva sentire in colpa, facendo esattamente il contrario di quello che avrebbe dovuto. In questo modo, ovviamente, otteneva l'effetto opposto, cioè le faceva passare la voglia di telefonare.

Alla base della seduzione, di cui parlo in un mio libro intitolato appunto *Seduzione*, non a caso spiego quanto sia importante associare piacere alla propria persona, far vivere quindi stati d'animo positivi di innamoramento, di piacere alla persona desiderata, farle vivere anche delle belle esperienze di carattere emozionale e associarle a te, condizionare quella persona a te. Se oltre al linguaggio con cui susciti emozioni e stati d'animo vivrai con l'altro delle esperienze belle, l'associazione sarà automatica e molto semplice: te = piacere.

Il principio della vendita di qualunque cosa è associare piacere al prodotto, per prima cosa estraendo uno stato di piacere e collegandolo all'articolo da vendere e cercando poi di soddisfare tramite esso i bisogni dell'acquirente. Attraverso domande precise si riescono a individuare le necessità del cliente, che variano da persona a persona, creando un prodotto su misura, come il sarto fa con i vestiti. Quando il coach fa le domande, è come se prendesse le misure: non ti dà soluzioni, ma ti aiuta a estrarle attraverso le domande.

RIEPILOGO DEL GIORNO 4:

- SEGRETO n. 19: il condizionamento al successo parte dal trainer, ma sarà poi l'allievo che dovrà continuare a condizionarsi nel tempo a raggiungere il proprio obiettivo.
- SEGRETO n. 20: l'ancoraggio, a differenza del condizionamento, può essere generato anche da un solo picco emotivo particolarmente intenso.
- SEGRETO n. 21: l'alternanza tra piacere e dolore è alla base del condizionamento neuro-associativo; infatti istintivamente siamo attratti da ciò che ci dà piacere e tendiamo ad allontanarci da ciò che può procurarci dolore.
- SEGRETO n. 22: il cervello non distingue la realtà da una cosa vividamente immaginata, quindi la nostra psiche vive una visualizzazione come un evento realmente accaduto.
- SEGRETO n. 23: sfruttando il potente condizionamento dato dalle visualizzazioni, la Nuova Legge di Attrazione ti aiuta a ottenere risultati, perché questa sarà la via che avrai indicato alla tua mente.

GIORNO 5:
Soddisfare i tuoi Bisogni

Una volta pianificati i tuoi sogni, dopo averli scritti e aver capito cosa vuoi esattamente, ci vuole una spinta motivazionale che ti accompagni nel tempo e ti motivi ad agire. Questa spinta nella Nuova Legge di Attrazione viene definita come "Motiv-azione", ovvero il motivo che ci spinge all'azione. Ecco perché quando sei veramente motivato a fare qualcosa che ami, che ti appassiona, agisci. Nulla ti può fermare sei veramente inarrestabile. Sicuramente ti sarà capitato in qualche occasione. È in quel momento che hai la forza per realizzare i tuoi sogni, e lo farai certamente, a patto però che tu abbia ben pianificato l'obiettivo e che tu segua le strategie che io stesso applico.

Già nei precedenti capitoli abbiamo detto che la Programmazione Neuro-Linguistica studia le neuro-associazioni che avvengono nel nostro cervello e insegna a "programmare" se stessi e gli altri, con particolare attenzione alla linguistica. Come ho spiegato nel libro *La Mappa non è il Territorio*, infatti, il modo in cui parliamo, le parole che scegliamo per esprimerci, per rappresentare il nostro modello del mondo, la nostra realtà, derivano dai nostri pensieri, dalle immagini che ci facciamo, dai suoni che sentiamo e dalle sensazioni che abbiamo nel nostro corpo. Noi accediamo alla realtà con i sensi, vista, udito, olfatto, gusto e tatto; memorizziamo ed elaboriamo le informazioni nel cervello secondo questi stessi sensi e ci esprimiamo attraverso il linguaggio. Quindi, a partire dalle parole è possibile capire come una persona stia ragionando in un dato momento, cosa pensi, quali immagini si crei e che sensazioni provi.

Perché le persone usano le parole per descrivere ciò che sentono, ed è per questo motivo che lo studio del linguaggio è così importante in PNL. Grazie ad esso, infatti, puoi intuire quali neuro-associazioni si creino nella mente di chi parla e, quindi, quali schemi, quali programmi stiano "girando" nel suo cervello.

A quel punto puoi, per esempio, studiare lo schema di motivazione tuo personale o quello degli altri, per imparare a motivare te stesso e altre persone. Non solo, ma in generale puoi modellare qualsiasi strategia, ad esempio far accrescere la tua autostima, imparare come comunicare meglio, come vendere o come sedurre; le applicazioni sono infinite, perché puoi semplicemente studiare le persone di successo nelle attività che ti interessano e modellarle.

Se hai un collega bravo nel lavoro, puoi studiarlo, modellarlo, cercare di capire quali siano le sue convinzioni, cosa lo motivi nel lavoro o che convinzioni abbia. Dopo aver capito quali programmi girano nella sua mente, potrai estrarre le sue strategie per insegnarle a te stesso e trasmetterle agli altri.

Studiando il modo in cui ti comporti quando hai successo o quando fallisci, potrai comprendere i meccanismi che determinano la bontà o meno di un tuo atteggiamento e potrai replicare prestazioni ottime. Quindi, semplicemente conoscendo meglio te stesso, comprendendo quali siano i tuoi bisogni da soddisfare, i motivi per cui certe attività sono migliori di altre, potrai motivarti efficacemente in ogni momento.

SEGRETO n. 24: analizzando il tuo comportamento nei casi in cui hai avuto successo, comprenderai i meccanismi che lo determinano e potrai replicare prestazioni ottime.

C'è un'ampia letteratura sulla soddisfazione dei bisogni umani. Come ti accennavo nel precedente capitolo, nel 1954 Abraham Maslow teorizzò la "Piramide dei bisogni", alla cui base sono quelli fisiologici, cioè mangiare, dormire, avere una casa, e a seguire quelli primari, secondari e così via. Ed eccone una raffigurazione, tratta da Wikipedia.

La piramide dei bisogni di Maslow (1954)

La teoria di Maslow, tuttavia, è ormai superata, sia perché è uno schema creato dallo studioso e non modellato su persone esistenti, sia perché, almeno nella nostra società, i bisogni fisiologici si considerano già soddisfatti, tranne rari casi. Ciò nondimeno nel passato è stata fondamentale per aver focalizzato l'attenzione sull'uomo e sulle sue necessità. Oggi il grande formatore Anthony Robbins con la sua "Teoria dei sei bisogni", che si può apprendere solo nei suoi corsi, perché non è contenuta in nessun libro, ha teorizzato nuovi bisogni fondamentali. Nella seguente tabella li trovi elencati, accompagnati dai "perché" di ognuno di essi:

I SEI BISOGNI	I "PERCHÉ" DEI SEI BISOGNI
1) BISOGNO DI SICUREZZA	Riflette l'esigenza, che ognuno avverte, di una solida base sulla quale poggiare la propria esistenza.
2) BISOGNO DI VARIETÁ	La varietà è una necessità, poiché sarebbe insoddisfacente vivere una vita in cui tutto fosse già previsto e scontato.
3) BISOGNO DI IMPORTANZA	Risponde all'esigenza di sentirsi attorniati dalle altrui attenzioni.
4) BISOGNO DI LEGAME	Soddisfa l'esigenza di condividere la propria vita con qualcuno.
5) BISOGNO DI CRESCITA	È un bisogno spirituale e manifesta la necessità, propria di ogni individuo, di migliorare se stesso.
6) BISOGNO DI CONTRIBUTO	È un bisogno spirituale e riflette l'esigenza di contribuire a migliorare la situazione propria e degli altri.

Ma andiamo ad analizzarli uno a uno. Primo fra tutti è il **bisogno di sicurezza**. Sembra scontato, banale, ma il bisogno di sicurezza è uno dei più importanti, forse il più rilevante tra tutti. Quando si cerca una casa di proprietà o un lavoro, si sta cercando sicurezza. Ho iniziato il mio percorso di crescita personale leggendo proprio uno dei libri di Robbins in cui si richiedeva di comporre una scala dei propri valori in ordine di importanza. Ebbene, al primo posto misi proprio la sicurezza, e oggi ho la conferma che effettivamente è un bisogno fondamentale per tutti.

Dopo qualche mese, andando a rileggere lo schema che avevo tracciato, mi sentivo effettivamente molto più determinato. Avevo raggiunto la sicurezza in tantissimi settori della mia vita, e questo era avvenuto quasi senza che me ne accorgessi. Con ciò voglio dire che, grazie a una buona programmazione iniziale, avevo fatto chiarezza sui miei valori, i miei obiettivi e la mia missione, e questo mi aveva portato a seguire con certezza una determinata direzione. Ecco perché durante i miei corsi di formazione in PNL cerco di far sì che gli allievi raggiungano soprattutto la consapevolezza di ciò che è importante per loro, che siano valori, obiettivi o strategie di motivazione.

Lo studio di Anthony Robbins, che ha lavorato con 50 milioni di persone di 80 Paesi, è stato effettuato sull'intera popolazione, indipendentemente dalla cultura e dalla nazionalità, ed è quindi basato su una discreta statistica. La sicurezza, che è risultata essere al primo posto nella classifica dei bisogni, non è solo cercare un lavoro fisso, un buon reddito economico, una casa, una famiglia, ma è spesso anche un bisogno nascosto, un bisogno celato.

Si dice ad esempio che le malattie nascondano il cosiddetto "vantaggio secondario", di cui abbiamo parlato enumerando le caratteristiche dell'obiettivo ben formulato, in quanto stimolano l'attenzione della famiglia e degli amici, e di conseguenza generano un senso di sicurezza.

Anche rimanere ancorati alle proprie abitudini, al proprio ambiente fa sentire più sicuri: è la "zona di comfort", di cui abbiamo già detto, che ci porta a evitare di intraprendere esperienze nuove, frequentare ambienti diversi, conoscere persone per paura di affrontare qualcosa di sconosciuto.

Se rimani sempre nella tua zona di comfort, tuttavia, per quanto ti senta a tuo agio e soddisfi il tuo bisogno di sicurezza, non potrai crescere. Ecco perché spesso nei miei corsi che durano un week-end faccio cambiare posto alle persone, dicendo proprio: «Bene, il secondo giorno cambiate posto, tanto per uscire dalla zona di comfort». È una cosa banalissima, ma lo è come tante altre piccole cose che ci spingono oltre i nostri schemi abituali. Per esempio, fare una dimostrazione in pubblico o essere ripresi dalle telecamere ci aiuta a rompere alcuni schemi, alcuni programmi che girano nel nostro cervello.

La PNL, infatti, ci insegna che se c'è uno schema che non funziona o che ti limita, ti blocca, devi cercare di romperlo. Se interrompi un programma, semplicemente avrai risposte nuove a determinati stimoli.

Per esempio, una persona ti tratta male? Non reagire più arrabbiandoti, urlandole addosso, ma mantenendo la calma. Puoi imparare a reagire proattivamente agli stimoli che ti arrivano dall'esterno semplicemente cambiando il tuo schema, non rispondendo più in modo meccanico a essi.

Per "interrompere lo schema" ti devi abituare a spezzare anche gli schemi più piccoli, più banali. In quest'ottica anche solo cambiare posto in un'aula di corso può essere una buona interruzione, un buon modo per uscire dalla rassicurante zona di comfort. Ai tempi in cui andavo in palestra a fare pugilato, ricordo di aver avuto un armadietto che, avendo usato una o due volte, consideravo mio. Se un giorno lo trovavo occupato, dentro di me dicevo: «Mi hanno rubato l'armadietto», ma non era mio, non l'avevo affittato in alcun modo. Questo avviene perché siamo abituati a seguire gli stessi schemi, si crea un'associazione tra due neuroni ed è come se dicessimo: «Bene, questa via già la conosco, è più facile, per cui voglio seguire proprio questa». Ecco perché quando vuoi operare un cambiamento devi non solo essere molto motivato e servirti delle tecniche giuste, ma anche condizionarti nel tempo, rafforzare la neuro-associazione, per far sì che quel cambiamento sia duraturo.

Torniamo al bisogno di sicurezza che, come accennavo poco fa, si cela anche in cose banali, nascoste, nei cosiddetti vantaggi secondari. Il fumo, per esempio, e purtroppo anche la droga, sono fonte di sicurezza per molte persone che, facendone uso, si rilassano e rientrano nella loro zona di comfort. Per aiutare qualcuno a smettere di drogarsi bisognerà trovare un'alternativa a quei vantaggi secondari, qualcosa che permetta alla persona di soddisfare ugualmente i suoi bisogni. Potranno essere dieci flessioni che ossigenano il cervello o una canzone motivante che fa ritrovare l'energia giusta.

SEGRETO n. 25: il bisogno di sicurezza riflette l'esigenza, che ognuno avverte, di una solida base sulla quale poggiare la propria esistenza.

Secondo bisogno è la **varietà**, meno immediato da comprendere, perché sembra in contraddizione con il bisogno di sicurezza. Facciamo tanto per rimanere nella nostra zona di comfort, per avere un lavoro fisso, una famiglia, dei figli e tutta una serie di sicurezze intorno a noi e poi cerchiamo l'esatto opposto, ovvero l'incertezza, la varietà? Ti è mai capitato di leggere sul giornale di quelle persone che sono diventate miliardarie vincendo alla lotteria? Hanno potuto comprarsi tutto quello che volevano, raggiungere uno standard di vita apparentemente perfetto e poi si sono suicidate. Perché? Perché anche l'eccessiva sicurezza è negativa.

La routine dà sicurezza, ti fa sentire nella tua zona di comfort, però manca quel pizzico di varietà. Anche il tradimento, per assurdo, può essere visto come soddisfazione di questo bisogno. Magari la moglie, raggiunti i cinquanta anni, si è stancata del marito pantofolaio, perché non ne può più della routine. L'uomo si adagia e la donna cerca invece qualcosa di nuovo o viceversa. Il bisogno, quindi, di per sé non è negativo o positivo, ti può motivare ad azioni che ti creano danni o che ti danno risultati; dipende da come lo soddisfi. Lo stesso bisogno di varietà, ad esempio, puoi soddisfarlo con il tuo partner, andando a cena fuori oppure intraprendendo uno sport insieme, un hobby, facendo una gita. Se invece lo soddisfi in maniera sbagliata rispetto ai tuoi valori, potrà avere delle conseguenze negative.

È molto comune annoiarsi perché si svolge sempre lo stesso lavoro con i soliti colleghi. Se non siamo in grado di trovare la varietà nel nostro lavoro, ci annoieremo. Questo è il motivo per cui amo molto il mio lavoro, che mi porta a contatto con persone diverse, mi costringe ad aggiornarmi, a prendere in considerazione nuove teorie, nuove idee, confrontarmi con gli altri e quindi mi dà la possibilità di continuare a crescere.

Ecco perché ti invito a fare ciò che ami. Se fai un lavoro che non ti piace solo perché te l'hanno imposto o perché è l'unico che hai trovato, non ti sentirai motivato e quindi non darai il massimo, non soddisferai i tuoi bisogni e, di conseguenza, vivrai una vita che non ti piace. Molte delle persone che hanno fatto il corso di *Motivazione* avevano un lavoro che non amavano o problemi sentimentali e cercavano per questo di motivarsi.

Il primo passo per imparare a motivarti è capire cosa va bene e cosa no nella tua vita di oggi; capire quali siano i tuoi bisogni, in che modo li hai soddisfatti o li stai soddisfacendo. Così potrai dire: «Bene, questa cosa non mi piace, non soddisfa nessuno dei miei bisogni». Anche se in realtà c'è sempre un bisogno nascosto che viene soddisfatto che ci spinge a fare quella cosa. Magari il lavoro non ti piace, ma tutto sommato ti fa sentire sicuro rispetto alla prospettiva di licenziarti e trovarti in mezzo alla strada, e in questo senso soddisfa un tuo bisogno.

SEGRETO n. 26: la varietà è una necessità, infatti sarebbe assai insoddisfacente vivere una vita in cui tutto fosse già previsto e scontato.

Comune a molti è anche il **bisogno di importanza**, in realtà molto simile al bisogno di sicurezza. Ad esempio ricevere attenzioni perché si sta male fa sentire importanti. Nel caso di un paziente le visite dei parenti, i cioccolatini, le caramelle gli danno un senso di importanza; è fondamentale che anche i medici capiscano quali sono i suoi bisogni per soddisfarli, infatti una persona malata può voler sapere cosa ha, ma nella maniera giusta, vedendo già la possibilità di guarigione.

Il bisogno di importanza può anche essere una spinta in più a laurearsi anche solo per avere il titolo; è diverso presentarsi come l'ing. Bruno piuttosto che come Giacomo. Può essere appagato nel caso degli uomini dal fatto di possedere una bella macchina, nel caso delle donne dal fatto di possedere un gioiello. Sono cose che fanno sentire importanti, che soddisfano uno dei nostri bisogni. La soddisfazione dei nostri bisogni è quindi la motivazione che ci spinge ad agire, a comportarci in un certo modo. Tutto quello che facciamo oggi, tutte le decisioni che abbiamo preso finora, sono la soddisfazione di questi bisogni.

SEGRETO n. 27: il bisogno di importanza, ovvero di sentirsi attorniati dalle altrui attenzioni, è comune a molti.

C'è poi il bisogno di **legame**. Molte persone soddisfano il loro bisogno di affetto con gli animali domestici, come un cane o un gatto. E, ovviamente, molte aspirano ad avere un rapporto con un'altra persona, a legarsi quindi a un partner, formare una famiglia, avere dei figli. Mi ricordo, per esempio, di aver conosciuto una quarantenne che soffriva di depressione e diceva: «In questo momento vorrei avere dei figli», perché voleva soddisfare il suo bisogno di amore. Ovviamente non è una saggia decisione cercare di colmare la depressione con l'affetto dei figli, tanto più se essa deriva da problemi sentimentali. Per prima cosa, infatti, bisogna occuparsi del proprio stato e poi fare le proprie scelte, cercare un compagno, avere dei figli.

Anthony Robbins dice: «Mettetevi in "peak-state" prima di prendere una decisione». Il "Peak-State" è lo "stato di picco", ossia uno stato emotivo molto intenso. È necessario sentirsi bene, in uno stato di certezza, di sicurezza, per poter prendere delle decisioni buone. Prenderle quando si sta male è un rischio. Se si deve decidere cosa fare della propria vita quando si è depressi e si vede tutto in maniera negativa, si può arrivare addirittura al suicidio.

Il desiderio di condividere la propria vita con qualcuno è comunque fortissimo. La maggior parte delle persone che viene da me a fare coaching ha problemi oppure obiettivi sentimentali, quindi è alla ricerca del partner giusto, oppure ha problemi nel matrimonio. Ma come mai c'è chi incappa in persone con una tipologia caratteriale o comportamentale sempre uguale e sempre negativa? Il problema è che se noi ci comportiamo sempre nello stesso modo, abbiamo convinzioni negative sugli uomini o sulle donne, o in generale sui legami, o cerchiamo un partner esclusivamente per colmare un bisogno troppo forte di legame, rischiamo di attrarre persone con gli stessi difetti. Se non modifichiamo il nostro comportamento, escludendo un colpo di fortuna, il risultato sarà sempre quello.

Se invece cominci a lavorare su te stesso e a comportarti in maniera diversa, otterrai risultati diversi. Questa è una delle regole più banali ma meno applicate della Nuova Legge di Attrazione: se stai ottenendo risultati sbagliati, cambia semplicemente strategia; se agirai sempre allo stesso modo, finirai come la mosca che continua a battere sul vetro della finestra senza trovare l'uscita. Quindi fai cose nuove per ottenere risultati nuovi, diversi; se neanche il risultato nuovo ti soddisferà, cambia strategia. Come dice Robbins: «Se una strategia usata per ottenere un risultato non funziona, non lo considerare mai un fallimento, ma impara da quell'esperienza per applicarne una nuova e così via, all'infinito, finché non ottieni il risultato».

SEGRETO n. 28: il bisogno di legame corrisponde all'esigenza di condividere la propria vita con qualcuno.

Fin qui abbiamo enumerato i quattro bisogni fondamentali, i più importanti. Gli altri due, detti "bisogni spirituali" sono **crescita** e **contributo**. In genere vengono visti separatamente perché situati a un livello superiore, nel senso che si può pensare a come soddisfarli solo dopo aver appagato i primi quattro.

Analizziamo il bisogno di crescere. Spesso molte persone associano dolore alla crescita, al cambiamento, dicono: «No, cambiare è difficile; io sono fatto così», perché ovviamente è più facile rimanere nella propria zona di comfort piuttosto che cambiare. Per lo meno questa è la convinzione che ci hanno trasmesso nella nostra cultura: cambiare è difficile e faticoso.

Ma in realtà sono le convinzioni a determinare la nostra percezione delle cose. La stessa esperienza, ad esempio lavorare al computer, può soddisfare un bisogno oppure no a seconda della percezione che ne hai e delle tue convinzioni. Per qualcuno sarà noiosissimo, per altri vario e divertente. Sicuramente chi sente che grazie al proprio lavoro sta crescendo e sta facendo qualcosa di utile, oltre che per sé anche per gli altri, non può non amarlo; però culturalmente siamo più portati a una visione egoistica di sviluppo personale che alla ricerca di un benessere comune. In realtà la crescita è fondamentale, tanto che Robbins afferma: «Se io non cresco, muoio».

E, in realtà, per quanto il cambiamento possa sembrare impegnativo, è veloce e immediato, ed è così per tutti, perché «il cervello», come dice lo stesso Bandler, fondatore della PNL, «impara velocemente». La guarigione da una fobia, ad esempio, non avviene nell'arco dei cinque/dieci anni durante i quali è stata seguita la terapia, ma nei pochi minuti in cui, al termine di un lungo processo, sono cambiate le convinzioni del malato. Quindi, appunto, nei cinque minuti finali della terapia.

In PNL si utilizzano tecniche molto veloci, proprio perché il cervello apprende velocemente. La fobia è il primo esempio di apprendimento veloce. Magari un cane ti ha morso una volta quando eri piccolo e in un istante il tuo cervello ha associato quell'animale a un senso di paura. Il cambiamento è immediato, se non è immediato non c'è cambiamento. Inoltre, come dice Robbins, «il cambiamento è insito in noi» a partire dalle cellule del nostro corpo che si rinnovano in continuazione; quindi a chi dice: «No, io non posso cambiare», lui risponde: «Invece stai già cambiando, devi solo decidere se cambiare in meglio, cioè crescere, o in peggio». Noi possiamo cambiare semplicemente perché il futuro non ha nulla a che fare con il passato, a meno che non sia tu a deciderlo.

Ovviamente se porti avanti sempre le solite convinzioni, agisci allo stesso modo, non modifichi mai i tuoi comportamenti, hai le stesse motivazioni, avrai un futuro uguale al tuo passato. Se, ad esempio, stai cercando un partner adatto a te, ricadrai sempre negli stessi tipi psicologici, come succedeva a una donna con cui ho lavorato. Questo a meno che tu non arrivi ad associare talmente tanto dolore a questa esperienza da decidere di cambiare nel modo che ritieni più opportuno o, come nel suo caso, di prendere un coach. L'importante è effettuare un cambiamento. Nel momento in cui lo attuerai, il cambiamento sarà istantaneo e il tuo futuro sarà diverso, a patto di condizionarti, agire e via di seguito. Quindi, il cambiamento è già in te: decidi tu se sarà miglioramento, ovvero crescita, oppure no.

Considera tutte le tue esperienze una fonte di insegnamento, se le vedrai in negativo, come dei fallimenti, ti sentirai sempre peggio. Se hai affrontato molte difficoltà, pensa che con tutto quello che ti è successo in passato il futuro sarà per forza migliore, perché hai imparato moltissime cose nuove. Nel campo della motivazione c'è chi pensa si possa utilizzare la crescita come stimolo, come incentivo sul lavoro. Non tanto offrendo incentivi economici, contributi o viaggi premio, che magari funzionano a breve termine e rischiano di diventare ovvi, ma offerte di vera e propria crescita professionale come i corsi di formazione che, oltre a elevare il livello qualitativo dell'azienda, spesso influiscono positivamente sulla crescita personale dei dipendenti.

A differenza di un premio in denaro, che si esaurisce in breve tempo, la crescita innesca un meccanismo positivo che porta i suoi risultati anche a lungo termine. Le persone che hanno tratto giovamento da un buon corso di formazione saranno grate all'azienda che glielo ha offerto e di conseguenza saranno ancora più motivate a lavorare bene. Tutto ciò che imparerai dalla lettura di questa guida, ad esempio, nessuno te lo toglierà più, accrescerà la tua esperienza e il tuo bagaglio di conoscenze.

La prima volta che mi sono avvicinato alla PNL, infatti, ho capito che, nonostante la laurea in ingegneria che stavo portando a termine, volevo lavorare in questo settore. Perché fare carriera nel settore della felicità, dell'autostima e della motivazione è la cosa più grandiosa che ci possa essere, in quanto offre un'occasione di crescita continua. Non sapevo che stavo soddisfacendo questo bisogno di "crescita" e "contributo", l'ho capito dopo, quando ho studiato questa teoria.

Anche nella scelta di fare formazione lo stimolo iniziale è stato inconsapevolmente il contributo, perché appena ho conosciuto queste tematiche ho creato il sito "Autostima.net" in cui ho inserito le lezioni gratuite da scaricare o leggere, con tutto quello che io conoscevo già o apprendevo dai libri. Sono stato il primo e tuttora l'unico a dare materiale gratuito, per cui, in pochissimi anni, la mia azienda ha conosciuto una crescita enorme. Eppure non è stata un'azione calcolata per richiamare tanti visitatori sul sito, ma una crescita naturale, nata dalla passione, da bisogni come la crescita e il contributo che sentivo dentro di me.

SEGRETO n. 29: i bisogni di crescita e contributo sono prettamente spirituali e manifestano la necessità, propria di ogni individuo, di migliorare se stessi e di contribuire a migliorare la situazione degli altri.

Ti propongo adesso un piccolo esercizio: scegli due cose, una che ami da morire e fai con passione - può essere un lavoro, un hobby e così via - e una che invece odi; confronta entrambe con i sei bisogni, attribuendo per ogni bisogno un voto da uno a dieci.

Ad esempio, prendiamo il mio lavoro di formatore e analizziamo il bisogno di importanza ad esso correlato. Quanto mi sento importante a fare questo lavoro? In una scala da uno a dieci, direi senz'altro dieci. Ti assicuro che mi sento importante perché durante i miei corsi o nei libri che pubblico vengo ascoltato e considerato molto autorevole. Passiamo al bisogno di sicurezza. Mi sento sicuro quando lavoro e in generale in questa professione? Moltissimo. Anche in questo caso, dieci. Sento l'unione, il legame? Sì, sento un legame enorme con i partecipanti ai miei corsi e così via. Prenditi cinque minuti e prova anche tu.

Di solito si attribuiscono voti altissimi a quello che piace, che effettivamente soddisfa tutti i propri bisogni, e bassissimi a ciò che non piace. Anche se questo è vero in apparenza, perché se si continua a fare una cosa vuol dire che almeno un bisogno viene soddisfatto. Questo potrai poi verificarlo con calma.

Ad esempio, come mai molte persone pur volendo smettere di fumare non ci riescono? È chiaro: perché con il fumo soddisfano qualche bisogno. Oppure c'è chi non riesce a uscire dalla depressione perché trova in essa la propria zona di comfort: non deve pensare a niente e a nessuno, non si deve giustificare, le persone sanno che è depresso, si è creato un'identità nella quale sta bene. Ti è mai capitato di sentire quelle persone che, parlando, fanno a gara a chi è più malato o sfortunato? «Ah, a me fa male il ginocchio.» «Eh sì però a me anche la schiena e la testa.» Gareggiano per vincere questa battaglia dell'importanza e c'è sempre qualche motivo che spinge a farlo.

A volte, invece, ci sentiamo obbligati a fare una cosa, ma stiamo comunque rispondendo al bisogno di soddisfare quell'obbligo, è un bisogno anche quello. Questo può succedere con il lavoro, ma anche nei rapporti sociali e affettivi. Ho conosciuto, ad esempio, una ragazza di trentacinque anni che stava con un marito che regolarmente la picchiava, la maltrattava e lei, pur stando male e lamentandosi della sua situazione, continuava a restare con lui. Di storie del genere, purtroppo, ne esistono parecchie, non solo nei film, ma purtroppo anche nella vita reale. Qual è in questi casi il bisogno da soddisfare? Apparentemente nessuno, perché nessuno ci obbliga a stare con una persona che ci picchia e ci maltratta, ma può essere più doloroso rinunciare a quel rapporto, alla propria famiglia, per quanto malsana, che non proseguirlo. Anche le persone violente, inoltre, hanno momenti di tranquillità in cui sanno farsi perdonare, illudendo chi sta loro vicino di essere diversi da come sono in realtà.

E la violenza stessa fa sentire importanti. Avevo un amico, ad esempio, che era molto aggressivo, non solo fisicamente ma anche verbalmente. Perché lo era? Per soddisfare un bisogno di importanza. Anche nei casi estremi, come i serial killer, alla radice c'è un bisogno di importanza da soddisfare; quando finiscono sulle prime pagine dei giornali perché hanno compiuto qualche orrendo delitto, si sentono importanti. Lo stesso avviene per i tifosi, anche i più irruenti, che si scatenano allo stadio, si sentono importanti e inoltre soddisfano anche il loro bisogno di legame con l'appartenenza a un gruppo, a una banda. Anche persone insospettabili arrivano a compiere azioni assurde, trascinate dal cosiddetto "effetto branco". Per prima cosa perché la responsabilità è divisa tra i membri del gruppo e poi perché chi ne fa parte non va mai contro i bisogni del gruppo, anche se questo vuol dire agire contro i propri valori. Sicuramente in un caso come questo non si soddisfano il bisogno di crescita e di contributo, ma, anzi, si fa il contrario.

Come mi è stato fatto notare in uno dei miei corsi, può succedere che anche in un'esperienza piacevole non vengano soddisfatti tutti e sei i bisogni, ma solo alcuni di essi. Anthony Robbins, che ha creato questa teoria studiando persone di culture diverse ed estraendo i bisogni che ha visto ripetersi indipendentemente da ambiente, lingua e tradizioni, ci dice come sia sufficiente che vengano soddisfatti almeno tre bisogni al livello 10 per creare una dipendenza nel bene o nel male.

Analizziamo, ad esempio, il vizio del fumo: quali sono i bisogni che può soddisfare? Pensa ad esempio agli adolescenti che cominciano a fumare. Sicuramente lo fanno per sentirsi adulti, quindi per soddisfare il proprio bisogno di importanza; ma anche per soddisfare il bisogno di sicurezza, perché fumare, come abbiamo detto, aiuta a rientrare nella propria zona di comfort; infine soddisfa anche il bisogno di legame, perché cementa l'appartenenza a un gruppo di amici nel quale tutti fumano. Tre bisogni soddisfatti creano la dipendenza.

Se si vuole aiutare una persona a rompere questa dipendenza, magari si può dire: «Ti senti ancora così importante? Ormai non fuma più nessuno, che fumi a fare? Legame? Con chi? Con quei pochi fumatori rimasti?» Cioè si può provare a smontare quegli stessi bisogni che hanno creato la dipendenza: «Ti senti sicuro? Da adolescente è comprensibile ma, oggi come oggi, da adulto, che senso ha continuare?» Tuttavia non basta spiegare una teoria per far cessare una dipendenza, ci vuole il condizionamento. Però rendere consapevoli se stessi o un'altra persona delle motivazioni che hanno spinto ad agire in certi modi è una buona base di partenza.

SEGRETO n. 30: per creare una dipendenza, nel bene o nel male, è sufficiente che siano soddisfatti almeno tre bisogni al livello dieci.

Anche il mio amico che era aggressivo è riuscito a capire, grazie al mio intervento, che in questo modo, anziché soddisfare il suo bisogno di importanza, avrebbe ottenuto l'effetto contrario, allontanando le persone, rompendo ogni legame e venendo considerato male da tutti; ho cercato di tagliare il legame tra l'aggressività e i bisogni che pensava di soddisfare con essa; ho cambiato le neuro-associazioni.

Questo è un esempio di come le tecniche della PNL si possano applicare per modificare comportamenti, percezioni, associazioni. Per prima cosa l'ho reso consapevole dei suoi bisogni e poi delle sue convinzioni, ossia del fatto che per lui aggressività era sinonimo di forza, importanza e così via. Infatti, quando ci si trova di fronte a un'equivalenza complessa come "x = y", "aggressività = importanza", si tratta di una convinzione.

RIEPILOGO DEL GIORNO 5:

- SEGRETO n. 24: analizzando il tuo comportamento nei casi in cui hai avuto successo, comprenderai i meccanismi che lo determinano e potrai replicare prestazioni ottime.
- SEGRETO n. 25: il bisogno di sicurezza riflette l'esigenza, che ognuno avverte, di una solida base sulla quale poggiare la propria esistenza.
- SEGRETO n. 26: la varietà è una necessità, infatti sarebbe assai insoddisfacente vivere una vita in cui tutto fosse già previsto e scontato.
- SEGRETO n. 27: il bisogno di importanza, ovvero di sentirsi attorniati dalle altrui attenzioni, è comune a molti.
- SEGRETO n. 28: il bisogno di legame corrisponde all'esigenza di condividere la propria vita con qualcuno.
- SEGRETO n. 29: i bisogni di crescita e contributo sono prettamente spirituali e manifestano la necessità, proprio di ogni individuo, di migliorare se stessi e di contribuire a migliorare la situazione degli altri.
- SEGRETO n. 30: per creare una dipendenza, nel bene o nel male, è sufficiente che siano soddisfatti almeno tre bisogni al livello dieci.

GIORNO 6:
Potenziare le tue Convinzioni

Secondo la Nuova Legge di Attrazione la realizzazione dei sogni, ancor più che degli obiettivi, dipende da ciò in cui credi. Credi di potercela fare? Ce la farai. Credi di no? Stai sicuro che NON ce la farai! I tuoi sogni si possono concretizzare attraverso una buona pianificazione e seguendo le strategie che ti propongo nella guida.

Sei sicuro di sapere esattamente cosa siano le convinzioni? Sei consapevole di ciò di cui sei convinto? In genere nessuno di noi lo è. Le convinzioni non necessariamente sono vere. Nel momento in cui ti rendi conto che una convinzione su te stesso, sul tuo modo di comportarti, sul tuo rapporto con una persona, l'hai costruita tu sulla base di esperienze, spesso poche, che hai avuto, puoi cambiarla. Prima però è necessario capire il meccanismo, perché se sei convinto di non poter cambiare facilmente o velocemente farai in modo di auto-sabotarti, farai di tutto perché la tecnica non funzioni.

È importante cercare le risorse in se stessi. A chi ha problemi riguardanti il "bisogno di legame" o soddisfa questo bisogno in maniera sbagliata, per esempio con rapporti aggressivi, con un gruppo di persone che compiono azioni negative, o con un rapporto amoroso violento, io offro la soluzione di cercare di soddisfarlo autonomamente. Comincia ad amare te stesso, sentiti legato al tuo spirito, alla tua anima, e troverai in te il legame, così come la sicurezza e l'importanza.

Se sei convinto che per sentirti amato devi essere attorniato da persone che ti dicono: «Ti amo», ciò renderà difficile il soddisfacimento del tuo bisogno d'amore; ma se la tua regola sarà: «Io mi sento amato quando amo me stesso», a quel punto avrai tu la responsabilità dell'amore e del tuo legame con te stesso, e soddisferai autonomamente quel bisogno. Allo stesso modo, se il tuo bisogno di sicurezza dipende solo da te, dall'autostima alta che ti sei costruito e non dall'opinione che di te hanno gli altri, sarà molto più facile soddisfarlo.

Anche nel mio lavoro di coaching cerco di non creare nell'allievo dipendenza da me, cosa che non servirebbe a nulla, ma di fargli le domande giuste per farlo accedere alle sue risorse e potergli dire: «Vedi che hai sempre avuto la risorsa della sicurezza dentro di te? Ti rendi conto del fatto che in quella data occasione hai avuto una grandissima autostima? Come possiamo recuperarla?» L'altro giorno ho parlato con una persona che mi ha detto: «Io per quarant'anni mi sono sentita sicurissima di me e ho giudicato male chi cadeva in depressione, chiedendomi come fosse possibile. Da tre anni, invece, mi sento a terra, sono triste, depressa. Adesso capisco gli altri».

Chiedendo a quella persona se si era mai sentita sicura nella sua vita e, se sì, cosa avesse provato in quell'occasione, l'ho fatta riaccedere alla sensazione di sicurezza che già aveva in sé. Le ho detto: «Vedi che puoi riviverla quando vuoi? Basta che ripensi a sensazioni che hai già vissuto». La verità è che almeno una volta nella vita tutti noi abbiamo già provato sensazioni di sicurezza, abbiamo avuto un'alta autostima, ci siamo sentiti importanti; cioè, abbiamo già soddisfatto tutti i nostri bisogni, già vissuto stati d'animo positivi, potenzianti, e quindi è possibile riaccedervi e controllarli. Recuperare risorse che già abbiamo dentro di noi è alla base della gestione dello stato, tema che si affronta in molti dei miei libri.

SEGRETO n. 31: per ottenere la risorsa potenziante che desideri, ti basta riaccedere a un momento del tuo passato in cui l'hai posseduta, immedesimarti nello stato d'animo che avevi e recuperarla.

Torniamo alla motivazione e quindi ai motivi che ci spingono all'azione. Abbiamo visto che nella maggior parte dei casi essi sono riconducibili ai sei bisogni fondamentali, anzi direi che lo sono in tutti i casi. Tuttavia può accadere che certe volte non ce ne accorgiamo perché questi bisogni sono nascosti. Sono gli ormai noti "vantaggi secondari", procurati da qualcosa che non ci piace e che vorremmo cambiare.

Quando una persona viene da me per chiedermi aiuto, dicendomi che vuole cambiare lavoro o avere più successo, io le dico: «Fai ciò che ami; se non lo fai, difficilmente potrai avere successo». Ma, comprensibilmente, spesso la risposta che ottengo è: «Non posso cambiare lavoro, ormai faccio questo da troppo tempo», oppure: «Se lascio questo lavoro, come faccio a mantenere la mia famiglia mentre mi costruisco una nuova attività?» Perché comunque ci vuole tempo, o magari ci vogliono soldi, finanziamenti. Non sempre è facile e sicuramente non tutti possono permettersi di farlo.

E infatti questa frase ha un seguito: «Se non puoi fare ciò che ami, ama ciò che fai». «Ma come posso amare ciò che faccio se non mi piace?» mi rispondono, ovviamente. In realtà è questione di percezione, cioè, come ti accennavo anche nel capitolo precedente, la stessa attività può essere vista in maniera positiva o negativa non solo da persone diverse, ma a seconda delle convinzioni che una persona ha.

Ad esempio, ti è mai capitato di vedere per la strada un suonatore ambulante? Ci sono persone che si fermano per ascoltare e trovano molto piacevole trascorrere così qualche minuto, magari prima di recarsi al lavoro; altri sono presi dal senso di colpa di arrivare in ritardo in ufficio e nonostante amino la musica corrono sul posto di lavoro; altri ancora non sono per niente interessati alla musica e quindi tirano dritto. Uno stesso evento, una stessa situazione può essere vista in maniera diversa a seconda della persona, delle convinzioni e delle motivazioni, dei bisogni che quella persona ha.

Riprendendo il nostro esempio, c'è chi ama veramente stare al computer perché soddisfa tanti suoi bisogni e chi, al contrario, lo odia; però, se reso consapevole dei bisogni che non riesce a soddisfare con il suo lavoro, può modificare la situazione. Lo può fare modellando una persona a cui piace lavorare al computer, chiedendole: «Come fai a rendere gradevole un lavoro così noioso?», l'altra persona potrebbe rispondere: «A me piace perché il computer stimola la mia creatività, e poi nelle pause mi metto a chattare e conosco un sacco di persone, intreccio molti legami». È possibile che la persona che fino a quel momento trovava noioso lavorare al computer non riuscisse a soddisfare proprio il bisogno di legame, e il confronto con il collega a quel punto gli consente di vedere la cosa da una nuova prospettiva.

Dipende tutto dalle percezioni e dalle convinzioni, che sono un importante pilastro della motivazione. Le convinzioni sono molto potenti e finché sarai convinto che stare al computer è noioso non ti ci metterai. Se si ha una convinzione, infatti, si fa in modo di mantenerla, molto spesso anche inconsapevolmente.

Pensa ad esempio al cosiddetto “effetto placebo”; ne hai mai sentito parlare? Te ne illustro il funzionamento. A un paziente viene prescritto un farmaco dal proprio medico, che è consapevole che si tratta di un “placebo” e che gli dice: «Questo è un medicinale nuovo, viene dall’America. È perfetto per la tua situazione, vedrai che il mal di testa ti passerà in un istante». Dopo cinque minuti dall’assunzione, il paziente sta benissimo. In realtà non si tratta d’altro che di una compressa di zucchero, quindi non c’è alcun componente farmacologico, però funziona lo stesso. Come è possibile? A causa delle convinzioni. Il paziente ha dato al suo cervello il comando di far sì che gli passasse il mal di testa, perché era convinto che ciò che aveva assunto fosse una medicina e che avrebbe funzionato. In realtà non era una medicina ma, appunto, un placebo.

Funziona ancora meglio quando si usa il sistema del cosiddetto “doppio cieco”, ovvero quando neanche il medico sa che sta prescrivendo un placebo e dunque è anch’egli oggetto inconsapevole dell'esperimento. Al medico il farmaco viene presentato come un prodotto nuovo, molto efficace, e viene invitato a provarlo su un suo paziente. Quest'ultimo, oltre ad avere la sua convinzione circa il fatto che il farmaco funzionerà, riceverà anche quella del medico, e quindi sarà ancora più sicuro del buon esito della terapia.

Bandler è divertentissimo quando, durante i suoi corsi, racconta che negli anni '70, occupandosi soprattutto di terapia, voleva commercializzare delle compresse "placebo", pubblicizzandole come medicinale in grado di guarire qualunque patologia, o almeno le più comuni malattie psicosomatiche.

Ovviamente non glielo hanno permesso. Partiva dall'idea di base che il placebo è la "medicina" più studiata al mondo perché ciascun medicinale, come mi è stato confermato da molti medici, viene confrontato con il placebo per testarne la validità ed evitare che agisca solo in base a una questione di convinzioni e non per reale efficacia del principio attivo.

SEGRETO n. 32: fa ciò che ami o, altrimenti, ama ciò che fai; il segreto per riuscirvi è cambiare la percezione che hai della situazione o delle attività che non ti piacciono.

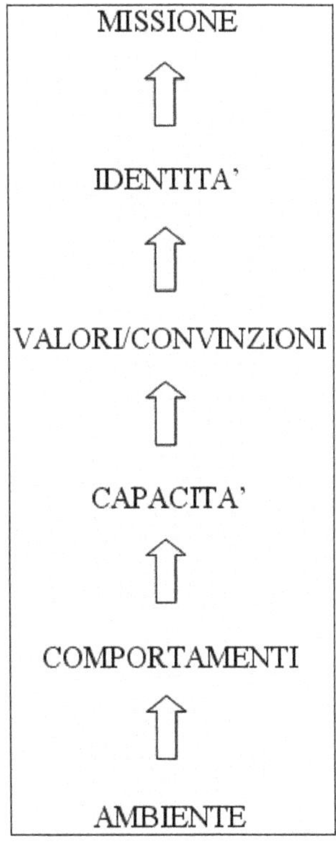

Robert Dilts, uno dei maggiori esponenti della Programmazione Neuro-Linguistica, ha creato uno schema, un **modello dei livelli logici** (missione, identità, convinzioni/valori, capacità, comportamenti, ambiente), che trovi riprodotto nel grafico di questa pagina. Come vedi, da esso risulta che le convinzioni sono collocate a un livello molto alto della persona. Robert Dilts afferma infatti che ognuno di noi vive in un certo ambiente, lavora, è a contatto con persone verso le quali ha determinati comportamenti che dipendono dalle sue capacità. Le capacità sono subordinate alle convinzioni e ai valori; convinzioni e valori sono invece tra loro sullo stesso piano, in quanto da essi dipendono le motivazioni. Se sei convinto di qualcosa, o se per te è importante un determinato valore, sarai motivato a svolgere una certa azione e a comportarti in un certo modo.

Ancora più in alto nello schema sono collocati l'identità, cioè chi sei, chi credi di essere, e lo spirito/missione, che non è inteso in senso religioso ma come livello superiore, come missione di vita, nel senso di ciò che va oltre la tua identità, nel senso del mondo a cui pensi di appartenere, dell'universo, dell'energia, anche di Dio, se vogliamo, oppure, da un punto di vista molto più terreno, nel senso dello spirito, della cultura aziendale. L'idea di questo modello è la seguente - prova a seguire ciò che sto per dirti sul grafico -: se attrai un'ottima occasione di lavoro, e quindi hai l'ambiente giusto, ma non agisci, con il tuo comportamento non fai nulla perché quell'occasione vada in porto, non otterrai risultati. Se hai un'occasione buona, se vuoi agire ma non ne sei capace, ancora una volta non raggiungerai alcun obiettivo.

Pensa, ad esempio, che qualcuno ti offra l'opportunità di andare a lavorare in un call-center, che è l'aspirazione della tua vita. Se ti fai prendere dalla paura perché non lo hai mai fatto e non ti presenti all'appuntamento di lavoro, oppure ci vai ma poi non ti dai da fare, non otterrai risultati. La stessa cosa avverrà se pur lavorando non sarai capace di vendere, di contattare telefonicamente le persone o non sarai motivato a farlo. Quindi, puoi anche avere buoni livelli logici "in basso", ma sono quelli superiori che contano. Ti può capitare una buona occasione, puoi agire, saperlo fare perché hai le capacità, ma se sei convinto che non funzionerà, sarà il tuo cervello a bloccare tutto, a sabotarti.

Puoi anche aver fatto il corso di PNL per motivarti, avere tutte le capacità, padroneggiare le strategie e le tecniche per motivare te stesso e gli altri che ti sto trasmettendo, ma se pensi che non funzionerà e che sono tutte stupidaggini, ti assicuro che sarà tutto inutile. Ecco perché è fondamentale lavorare sulle convinzioni e sui valori. Puoi essere convinto che le tecniche funzionino, ma se pensi di essere un perdente, un incapace, e quindi di non essere in grado di applicarle, ugualmente non riuscirai. Cerca invece di vedere le situazioni in termini positivi. Se ti capita l'occasione, pensa che ce la farai, che hai le capacità per farlo, pensa al contributo che puoi dare.

Nei miei libri, ad esempio, si fa un grande lavoro sui livelli logici per allinearli, ovvero per renderli congruenti, perché quando sei allineato ti comporti in modo coerente, in base alle tue convinzioni, ai tuoi valori, a quel che credi di essere, alla tua missione personale e così via. Dunque sei un vero leader. Le convinzioni sono a un livello molto alto perché determinano tutto quello che c'è sotto. I livelli più bassi, più esterni, se vogliamo, potrebbero essere paragonati alle foglie di un albero, mentre quelli più interni, che costituiscono il nucleo di una persona, ciò che c'è di più profondo in ognuno, sono assimilabili alle radici. Le convinzioni fanno parte di questo nucleo.

Prova a valutare questo problema al contrario: se sei convinto che la PNL funzioni e che hai buone potenzialità, ti darai da fare per raggiungere il tuo obiettivo. Magari andrai a fare un corso di specializzazione, migliorando le tue capacità, farai pratica adottando un diverso comportamento, leggerai libri, frequenterai persone che hai conosciuto al corso o che ne hanno già seguiti diversi, ovvero ti costruirai un ambiente idoneo.

I livelli superiori, quindi, influenzano con grande forza, come un terremoto, quelli inferiori e non viceversa, a meno che non ci sia un lungo condizionamento. Quest'ultima situazione può verificarsi, ad esempio, durante il servizio militare, in cui per un anno ti fanno assumere un comportamento da soldato sottoponendoti a un certo tipo di disciplina, e alla fine ti creano le convinzioni che deve avere un soldato, ma in un lungo periodo.

In PNL, invece, si cerca di essere efficaci e veloci: se agisci sui livelli superiori, se hai ad esempio una convinzione forte, il cambiamento sarà istantaneo. Poi ovviamente dovrai darti da fare, ma sarà stata una tua scelta, una passione che viene da te. Quando ho scoperto la PNL avevo la convinzione che non mi piacesse leggere, perché a scuola mi hanno sempre costretto a farlo. Solo uno dei libri che ho letto, *Uno, nessuno e centomila* di Luigi Pirandello, nel quale la visione soggettiva della realtà, se vogliamo, richiama l'impostazione della PNL, mi è piaciuto veramente. Tutti gli altri erano per me un peso, un dovere scolastico.

Lo stesso avveniva quando frequentavo la Facoltà di Ingegneria, perché i testi da studiare erano molto tecnici. Dopo la scoperta della PNL la mia convinzione è cambiata: come mai? Perché sono partito dalla mia identità, ovvero mi sono detto: «Io sono fatto così, ma io sono quello che voglio essere, quello che decido di essere». E questa mia presa di coscienza ha innescato un terremoto nelle mie convinzioni che sono cambiate da «io non posso cambiare» a «io posso cambiare e anche velocemente, divertendomi; posso cambiare quello che voglio di me stesso, posso comunicare nella maniera che voglio, posso raggiungere gli obiettivi che voglio».

Il resto è stato una conseguenza. Ho deciso di creare il sito, che mi ha portato a conoscere moltissime persone e anche aziende che fanno lo stesso lavoro; ho frequentato corsi, ho conosciuto molti trainer e molti allievi, tanto che, in breve tempo, il mio ambiente si è trasformato completamente. Tutto ciò che da allora è avvenuto nella mia vita è stato una conseguenza del cambiamento della mia convinzione. Quindi, parti dal cambiamento della tua identità, delle tue convinzioni, del tuo nucleo; tutto il resto verrà da sé.

Spesso i parenti, gli amici, i conoscenti che assistono al cambiamento di una persona che si è avvicinata alla PNL reagiscono in modo negativo, pensando si tratti nella migliore delle ipotesi di stupidaggini, se non addirittura di manipolazione ed esaltazione di massa. In realtà dietro queste reazioni c'è la paura di perdere una persona che ha intrapreso un percorso di crescita e sta innalzando i suoi standard di vita, e il bisogno di sentirsi ancora importanti per lei.

Per questo Robbins suggerisce di non farsi prendere dall'euforia, per esempio di non raccontare subito della camminata sui carboni ardenti e delle esperienze straordinarie e molto coinvolgenti vissute con altri diecimila allievi, perché così facendo le persone si allontaneranno, oppure ti tratteranno come un pazzo o cercheranno di bloccarti. Meglio dire per prima cosa: «Quanto mi siete mancati. È stato bello il corso, ma voi mi siete mancati tantissimo». Il cambiamento dovrà essere interiore ed emergere pian piano da nuovi comportamenti e stati d'animo che nasceranno da nuove convinzioni.

Questo vale anche per la dieta; hai mai provato a metterti a dieta senza riuscire a ottenere i risultati sperati? La chiamano "dieta yo-yo": si comincia a seguire un regime, ma dopo una, due, tre settimane si è già sopraffatti dallo stress e alla prima occasione si cede, fino ad arrivare alla definitiva rinuncia. Ma perché si cede? Perché ci si mette a dieta solo a livello di comportamento; smettiamo di mangiare le cose che ci piacciono, magari la cioccolata, ma se le convinzioni sono sempre le stesse, ossia «la cioccolata mi fa stare bene, come mi sento tranquillo quando mangio la cioccolata», non riusciremo a farlo per molto tempo.

Inoltre, se l'identità che ci attribuiamo è quella della persona che mangia tanto, della persona grassa, e la gente ci ha sempre visto così, avremo paura di dimagrire di colpo, perché ci sembrerà di perdere la nostra identità, la nostra zona di comfort, il bisogno di sicurezza. La maggior parte delle persone con problemi di peso ha come identità quella della persona sovrappeso e ha perso quella di persona magra, in salute. Chi invece deve soltanto recuperare la sua identità originaria dovrà semplicemente rientrarci dentro. È solo questione di tempo, ma il passaggio sarà molto più facile.

Lo spirito è, in un certo senso, la tua missione personale. La mia, ad esempio, è quella di contribuire a far crescere più persone possibili durante il corso della mia vita. Questo mi ha portato a essere prima un trainer e oggi un editore di ebook sulla formazione, che è la mia identità, e ad avere la convinzione che la mia missione sia utilissima; mi ha portato ad aumentare le mie capacità, per esempio a leggere duemila libri in sei anni. E se guardiamo al comportamento, passo molti week-end a lavorare. Poi, che tutto ciò sia anche il mio lavoro e quindi mi porti a dei risultati, tanto meglio; ma tutto nasce dalla mia missione personale.

Oltre a quella personale esiste anche la missione aziendale, ad esempio offrire con i propri prodotti un servizio a un certo target di persone. L'identità aziendale determina molte scelte nell'ambito della produzione. La Porsche, per esempio, che ha un'identità molto ben definita, ha deciso di non mettere in commercio automobili con il motore diesel, perché fedele alle prestazioni del motore a benzina. Ugualmente la Mercedes ha scelto di anteporre il valore "qualità" al valore "denaro". Infatti, quando durante un test la "Classe A" si è ribaltata, l'azienda ha preferito ritirare dal commercio migliaia di automobili, farvi numerose modifiche e dotarle di un nuovo sistema di controllo elettronico della stabilità, l'ESP, che agisce tramite i freni. Questa casa automobilistica ha investito moltissimo denaro per mettere in sicurezza le proprie autovetture, ma ha garantito la qualità e quindi ha mantenuto l'identità aziendale.

In questo le convinzioni svolgono un ruolo enorme, perché se sei convinto che il mercato accetterà comunque la macchina, anche se rischia di ribaltarsi, la tua decisione ti porterà ad agire in modo opposto. Dal fatto che tu sia convinto che vale la pena fare una cosa o, al contrario, che non ne vale la pena, dipenderà la tua decisione di farla o meno, in che modo la farai e con quale motivazione; i comportamenti saranno semplicemente una conseguenza. Ricapitolando: la motivazione è il motivo dell'azione, la convinzione influisce su quanto sentirsi motivati e l'azione è il comportamento che ne consegue.

SEGRETO n. 33: la convinzione di essere ciò che sei, a livello personale o aziendale, influenza i tuoi comportamenti rendendoli o meno efficaci per la realizzazione del tuo sogno.

Nel grafico che trovi qui riprodotto puoi verificare quanto siano importanti le convinzioni, tanto da influire sul cosiddetto "Ciclo del successo":

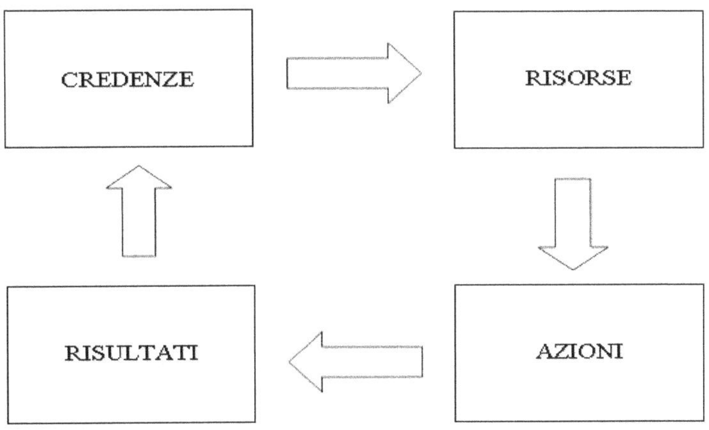

Se hai una convinzione, potrai accedere a delle risorse. Prendiamo ad esempio il mio caso. Se sono convinto di essere un buon trainer, quando andrò in aula sarò motivato, mi sentirò appassionato, forte, sicuro, importante e agirò in un certo modo, terrò il corso avvalendomi di determinate risorse e trasmetterò passione con la mia gestualità, con la mia fisiologia, con il tono di voce motivato.

Quindi, le tue convinzioni determinano le tue risorse, che a loro volta determinano le tue azioni; l'azione, ovviamente, determina i risultati. Se nel mio lavoro di trainer agisco trasmettendo motivazione ed esprimendo le convinzioni che ho, le persone che partecipano ai miei corsi riceveranno questa convinzione. E, magari, la confermeranno facendomi i complimenti per quello che hanno imparato e per il modo in cui glielo ho trasmesso. Quindi la tua convinzione determina le risorse a cui accedi, l'azione che svolgi, il risultato che ottieni, e nel 100 per cento dei casi questo risultato conferma la convinzione di partenza.

Pensa se, al contrario, la mia convinzione fosse di essere un pessimo trainer. Quali sarebbero le mie risorse? Ricorderei gli insuccessi che ho avuto, accedendo a stati d'animo pessimi, di grande insicurezza. Come agirei? Entrerei in aula avendo paura dei miei corsisti, quindi probabilmente adotterei una postura chiusa e trasmetterei tutto tranne la passione, perché non sarebbe una risorsa che ho, alla quale ho acceduto. Agirei in base alla convinzione che ho, e quindi da cattivo trainer. I miei allievi avrebbero una pessima opinione di me e questo confermerebbe la mia convinzione. Henry Ford diceva: «Che tu creda di farcela o di non farcela avrai comunque ragione», e il grafico sul "Ciclo del successo" è la spiegazione più chiara di questa affermazione.

Se hai una convinzione, in ogni caso essa dovrà essere confermata da questo meccanismo. Si chiamerà "Ciclo del successo" se la convinzione iniziale è positiva, potenziante; in questo caso la tua motivazione aumenterà esponenzialmente, ogni volta di più. Ma potrà anche essere "Ciclo dell'insuccesso"; infatti se la tua convinzione iniziale è negativa, o per meglio dire limitante, verrà comunque confermata e alla fine ti sentirai ancora più limitato, finché non abbandonerai del tutto pensando di non essere capace. E qui si ritorna all'identità.

Per esempio, a me capitava spesso, quando andavo in giro con gli amici, di entrare in un locale e magari vedere una ragazza che mi guardava. Non faceva nulla se non guardarmi ma, istintivamente, mi veniva da dire: «Vedi? Le piaccio». Questa sì che è legge di attrazione. Un amico con il quale uscivo si sedeva accanto a me; la ragazza probabilmente guardava tutti e due, ma lui diceva: «Quella mi guarda, vedi? Mi starà prendendo in giro, penserà che sono brutto». La convinzione determina la percezione che abbiamo anche di uno stesso gesto.

Chi avrà avuto ragione? Io? Lui? Entrambi? Nessuno dei due? Magari quella ragazza ci aveva guardati perché eravamo entrati in quel momento e per nessun altro motivo, oppure non ci vedeva bene e quindi guardava nel vuoto. Ho fatto questi esempi per renderti ancora più chiaro quanto la realtà sia soggettiva e dipenda dalle convinzioni che abbiamo; in base alle convinzioni noi percepiamo cose diverse. Ti è mai capitato di sentire il racconto di un incidente fatto, magari, da due persone che erano in macchina insieme? Uno dei due ne riporta una versione e l'altro una completamente diversa. Chi dei due ha ragione? Nessuno o entrambi: ognuno ha la sua verità.

Le convinzioni quindi determinano veramente la nostra realtà. Ma questo cosa vuol dire? Personalmente, ad esempio, ho maturato da piccolo la convinzione di essere timido, che mi ha limitato per vent'anni, probabilmente perché me l'hanno trasmessa i miei genitori. Certo un timido non va davvero a parlare in pubblico: difficilmente potrà fare il formatore. Mettere in discussione una convinzione che dura da anni significa rivedere un po' tutta la propria vita. Perché una convinzione non può essere né vera né falsa, bensì potenziante o limitante, ovvero può aiutarti a raggiungere i risultati che vuoi, può esserti utile, oppure bloccarti, non farti uscire dalla tua zona di comfort. Insomma, poiché in PNL si guarda al risultato, può funzionare oppure no.

Il vero e il falso non esistono per il semplice motivo che, come ti ho detto, dipendono dalla percezione soggettiva; tutte le esperienze che fai vengono interpretate da te e determinano poi le tue convinzioni. Quindi non ha senso chiedersi: «Ma io sono veramente un bravo formatore?», perché basta pensare di esserlo. Se io penso di essere un bravo formatore mi comporterò di conseguenza: darò il massimo e probabilmente otterrò il massimo.

Ho lavorato con un ragazzo che era convinto di essere un pessimo venditore, e invece a mio parere era bravo, perché si serviva di diverse tecniche, anche se inconsapevolmente. Ma avendo una convinzione pessima, si comportava in modo scoraggiato e poco comunicativo, e quando qualcuno rifiutava il suo prodotto, notando le incongruenze tra il tono di voce, la gestualità e il resto, vedeva in questo la conferma della sua incapacità: «Vedi, sono un pessimo venditore». Se arrivava un "sì" da parte di un acquirente, lo attribuiva al caso o alla qualità del prodotto, non alle sue capacità, e non si rendeva conto che, nella maggior parte dei casi, era lui stesso a procurarsi i rifiuti con la sua convinzione e il suo comportamento.

Un venditore convinto di essere bravo reagirebbe in modo opposto; cioè, se ricevesse tanti "no" e un solo "sì", attribuirebbe quest'ultimo alle sue capacità, direbbe: «Vedi che insistendo alla fine ce l'ho fatta?»

Quindi, anche a parità di risultati, basta un solo "sì" per confermare la propria convinzione potenziante; perché noi adulti siamo portati a seguire le nostre convinzioni, e tutto ciò che esula da esse tendiamo a scartarlo. Quando ci si rifiuta di prendere in considerazione qualunque cosa si differenzi dalle nostre convinzioni, si parla di **dissonanza cognitiva**.

SEGRETO n. 34: in base al "Ciclo del successo", una convinzione positiva ti indurrà ad attivare maggiori risorse per conseguire il risultato cui tendi, che, a sua volta, rafforzerà la convinzione stessa.

Le convinzioni sulla tua identità possono crearti limiti enormi. Se sei convinto di essere un malato, il tuo fisico si adatterà e assumerai l'identità di un malato. In questi casi anche il linguaggio può influire sul tuo comportamento. Se le persone che ti stanno intorno ti ricorderanno in continuazione che sei malato, non faranno che peggiorare la tua convinzione. Certo, non dico che delle convinzioni potenzianti possano indurre la guarigione, ma sicuramente possono fortificare il sistema immunitario e supportare la terapia medica.

Robert Dilts si è occupato molto di guarigioni, perché aveva la madre malata di cancro; in particolare afferma di aver condotto diversi studi su un gran numero di malati, raccogliendo testimonianze di persone che avevano avuto una remissione spontanea della malattia. Ha riscontrato che l'unica cosa in comune tra loro era la convinzione che la terapia che stavano seguendo, indipendentemente da quale fosse, avrebbe funzionato. Ovviamente non è una dimostrazione scientifica ma solo una statistica, uno studio. A me è successo varie volte di avere la febbre il venerdì prima del corso: la mattina mi svegliavo con un po' di mal di gola e di sera avevo la febbre a 38 e mezzo. Nonostante questo, il giorno successivo sono sempre arrivato in aula in buona salute. Ero talmente convinto di dovermi rimettere per lavorare, che effettivamente la febbre scendeva, il mal di gola passava e rimaneva solo un leggero raffreddore.

Tuttavia bisogna stare attenti a non degenerare in un delirio di onnipotenza. Le convinzioni non devono andare contro ogni principio, contro i valori. Bisogna saperle gestire con intelligenza; anche se sono convinto di essere un buon trainer, questo non mi autorizza ad andare in aula impreparato. «La fortuna aiuta gli audaci»: se mi preparo, e in più ho delle convinzioni potenzianti, otterrò buoni risultati. Pensa a Hitler, che è riuscito a trasmettere a un'intera popolazione la convinzione che una razza fosse superiore a un'altra; nel suo caso c'è stato un allineamento personale fin troppo forte, che ha convinto un'intera nazione. Molti generali nazisti, responsabili di terribili stragi, hanno poi ammesso di aver agito quasi in uno stato di trance, e che in quel momento avevano davvero la convinzione di fare la cosa giusta. Ugualmente è possibile convincersi di non essere in grado di fare una cosa, magari un lavoro, e di conseguenza evitare di impegnarsi.

C'è anche la possibilità che tu ti senta combattuto tra valori contrastanti, ad esempio desideri un lavoro ma, allo stesso tempo, non vuoi affrontare il distacco dalla famiglia e perdere la libertà. Se ci sono delle incongruenze a livello di convinzioni, identità, valori è ovvio che non ti darai abbastanza da fare per raggiungere il tuo risultato. Mi viene in mente a questo proposito un caso famoso, quello del corridore Roger Bannister, che in America percorse per primo un miglio in meno di quattro minuti. Per anni si era stati convinti che l'uomo non potesse coprire quella distanza in meno di quattro minuti; addirittura erano stati fatti studi scientifici che tendevano a dimostrare che il cuore non avrebbe mai retto lo sforzo necessario per correre a quella velocità.

Roger Bannister ci credeva, si impegnò e riuscì a conseguire il suo obiettivo. Di lì a pochi mesi altri atleti raggiunsero lo stesso risultato e in due o tre anni furono addirittura in trecento a eguagliarlo. Cosa si era modificato? Forse l'anatomia umana? La fisiologia? La pressione del cuore? No, si era solo diffusa la convinzione di potercela fare.

SEGRETO n. 35: le convinzioni sulla propria identità sono potentissime, possono creare limiti enormi o fornire enormi potenzialità, addirittura, in alcuni casi, modificare la propria visione della realtà.

Per farti capire quanto le convinzioni, anche quelle fasulle, possano influire sul risultato, voglio raccontarti anche di un esperimento svolto negli Stati Uniti. Un gruppo di studenti di intelligenza normale venne diviso per formare due classi: quella degli "studenti geniali" e quella degli "studenti stupidi". A seguito di questa divisione, i ragazzi vennero affidati per un anno a insegnanti qualificati ma inconsapevoli, quanto i loro allievi, di essere oggetto di un test psicologico.

Al termine dell'anno scolastico, la convinzione che alcuni avessero doti particolari e altri fossero sotto la media quanto a intelligenza e capacità, sebbene errata, è stata confermata. Effettivamente gli studenti considerati geniali avevano conseguito votazioni altissime e quelli ritenuti stupidi avevano votazioni pessime.

Ma come mai? Perché sia gli studenti che gli insegnanti avevano fatta loro questa convinzione e si erano adagiati su di essa. Di fronte agli studenti meno dotati gli insegnanti avevano pensato che fosse inutile continuare a spiegare, anche se non tutti dimostravano di avere capito, perché non avrebbe comunque portato ad alcun risultato. Gli insegnanti degli studenti più bravi, invece, avevano attribuito a se stessi la responsabilità di eventuali lacune, pensando di non essere stati abbastanza chiari, per cui rispiegavano ogni argomento fino a che non veniva assorbito perfettamente da tutta la classe.

Per quanto sia spaventoso che l'esperimento sia stato svolto su dei ragazzi, alcuni dei quali magari hanno perso per questo l'anno scolastico o si sono creati l'identità di studenti stupidi, questo test dà comunque l'idea di quanto sia elevato il potere delle convinzioni. Purtroppo episodi simili si verificano nelle nostre scuole quotidianamente.

Personalmente ho avuto la fortuna di andare bene nei primi anni della scuola e dopo ho "vissuto di rendita", per così dire. Inoltre avevo la fama di essere bravo soprattutto in matematica e questa convinzione mi ha condizionato al punto che poi mi sono iscritto alla Facoltà di Ingegneria, che invece non rispecchiava del tutto i miei valori e le mie aspirazioni imprenditoriali. Quindi, anche se in buona fede, mi hanno anche fatto perdere tempo nel raggiungimento dei miei veri obiettivi. Ma c'è anche il compagno sfortunato che il primo mese di scuola va male e viene etichettato come quello che non studia, che non sta attento. Alla lunga, a causa del ripetersi di questo atteggiamento da parte degli insegnanti, anche lui si creerà questa identità e comincerà davvero a non impegnarsi, credendo di essere "fatto così" e di non avere via d'uscita.

Da bambini o da adolescenti, infatti, assorbiamo con molta facilità quello che avviene nell'ambiente circostante, e quindi se una persona autorevole, come un genitore o un professore, afferma qualcosa su di noi, sulla nostra identità, rischiamo che diventi una nostra convinzione. Il modo migliore per educare i bambini, infatti, è attribuire loro l'identità di adulti, cioè trattarli con serietà. Non dobbiamo dir loro: «Tu sei un bambino, questo non lo puoi capire», piuttosto dobbiamo fornire convinzioni potenzianti che possano stimolarli: «Dai, ce la puoi fare, sei bravo, sei forte!»

Durante uno dei miei corsi, dopo aver fatto questo esempio, mi è stato chiesto quanto l'ambiente possa condizionare le proprie convinzioni. L'ambiente è tanto più forte quanto più è debole la personalità dell'individuo, quindi sicuramente da bambini si subisce molto l'influenza della scuola, della famiglia e anche degli amici che si frequentano. Da adolescenti si crea, invece, l'effetto gruppo, dato soprattutto dal bisogno di legame, e in questa fase della crescita è facile mutuare le convinzioni dai propri amici e assumere comportamenti diversi da quelli abituali.

Spesso è difficile capire se la mancanza di motivazione derivi da un ambiente demotivante, di persone spente, con convinzioni limitanti, o sia insito nella persona, nell'incapacità di motivarsi e di applicare le tecniche giuste. Anthony Robbins afferma che non esistono persone demotivate o pigre, ma solamente obiettivi poco motivanti. Se non hai una ragione per raggiungere il tuo obiettivo, se tutto sommato non te ne importa nulla, non ti darai da fare per raggiungerlo, non modificherai il tuo comportamento.

Se io fossi convinto di non poter essere un gran formatore, se pensassi che non me ne importa niente di contribuire, non farei nulla per migliorarmi e non crescerei mai. Quando le aziende mi propongono di fare ai loro addetti un corso per venditori, prima di accettare chiedo sempre: «Ma sei sicuro che il problema sia nei venditori e non sia magari nella cultura aziendale, a livello di identità, di spirito? Sei sicuro che i venditori non abbiano la convinzione che il prodotto da vendere non sia valido? O che il problema non sia piuttosto nell'ambiente, perché magari sono in troppi a lavorare nello stesso ufficio e hanno poche strutture?»

Il problema può essere molto diverso e può avere una rilevanza minore o maggiore rispetto a quello che si ritiene. Se l'ostacolo è nelle capacità si può intervenire con la formazione, saper vendere si può insegnare, ma se sei convinto che il prodotto non valga, al telefono trasmetterai questa convinzione ai potenziali acquirenti. Personalmente ritengo di essere bravo a vendere il mio prodotto perché mi piace, perché penso non solo che sia buono ma che ricopra tutti i miei livelli, perché parte dalla mia passione: per me la formazione è la vita. Allo stesso modo quando io compro un libro, un ebook o faccio un corso, sono felice di spendere il necessario, perché so che ne vale la pena; ovviamente questa è la mia esperienza.

La convinzione nasce dall'esperienza: più esperienze fai di uno stesso tipo, più confermi la tua convinzione. Prendiamo un esempio classico. Chi è stato tradito più di una volta, di solito, alla fine generalizza la sua esperienza arrivando a pensare: «Tutti gli uomini sono traditori, tutte le donne sono delle poco di buono». E quando l'intensità emotiva di un'esperienza è molto forte, ne basta una sola perché si trasformi in convinzione. La generalizzazione, in alcuni casi, può anche essere un meccanismo positivo, perché ci protegge da esperienze analoghe a quelle che ci hanno procurato dolore. In un certo senso quindi è un bisogno soddisfatto; ma in realtà è anche limitante, in quanto impedisce, ad esempio, di sperimentare il piacere di avere una relazione, soddisfare il proprio bisogno di legame e così via.

Essa inoltre porta a cancellare e distorcere la realtà pur di confermare la propria convinzione. Chi ha perso la fiducia nei rapporti con l'altro sesso "cancella" dalla propria esperienza amiche e amici felicemente legati ai propri partner, e pensa che abbiano un compagno solo perché si sono accontentati, perché hanno poche pretese, oppure addirittura che in realtà vengano traditi. In questi casi si tende ad adattare la realtà alla propria convinzione, distorcendola anziché fare il contrario.

E la stessa gelosia, che cos'è se non una grande distorsione? Pensa, ad esempio, a un uomo che sta in casa ad aspettare la moglie che è in ritardo e non ne conosce il motivo; comincia a nascere in lui la convinzione che stia con un altro. Come si comporterà quando la moglie farà rientro a casa? Aggredendola, forse addirittura insultandola, senza alcuna ragione. Immagina invece il caso opposto: il marito, anziché essere geloso, è preoccupato per la salute della moglie e il ritardo innesca una serie di ragionamenti come: «Oddio, potrebbe aver avuto un incidente». Cosa succederà al rientro? L'uomo sarà affettuoso, comprensivo e felicissimo di rivederla, e le manifesterà quanto ha sentito la sua mancanza.

Vedi come una stessa situazione può portare a due "film" totalmente diversi, basati uno su una convinzione di gelosia e l'altro su una convinzione di preoccupazione? Ecco in che modo la convinzione determina il nostro comportamento.

Tuttavia le convinzioni, come ti ho già detto, non sono oggettive, perché nascono in seguito a esperienze. A questo proposito, ti propongo un piccolo esercizio. Scrivi cinque convinzioni potenzianti che possono aiutarti nella vita, come ad esempio: «Io sono un bravo venditore», oppure «Sono un bravo comunicatore», «La gente mi apprezza tantissimo», e cinque convinzioni che invece ti limitano, ti ostacolano. Ora, è possibile che una convinzione che hai ti sia stata trasmessa da qualcun altro, da un genitore o da un professore, ad esempio, e che quindi derivi non dalle tue bensì dalle loro esperienze.

Anni fa è stato fatto un esperimento analizzando il comportamento di cinque scimmie cui veniva mostrato un casco di banane che poteva essere raggiunto unicamente attraverso una scala su cui poteva arrampicarsi una sola scimmia per volta. Quando una di esse stava per raggiungere il casco di banane veniva fatta passare una scossa elettrica lungo la scala. In brevissimo tempo le cinque scimmie associarono, secondo le regole del "condizionamento classico" di Pavlov, la scala al dolore e capirono che bisognava rinunciare a raggiungere le banane.

Gli sperimentatori, però, vollero proseguire con il loro studio e sostituirono una delle scimmie coinvolte nell'esperimento con una nuova. Non appena questa tentò di salire sulla scala, venne bloccata dalle altre che avevano fatto l'esperienza della scossa impedendole di farlo. La nuova scimmia non aveva mai fatto l'esperienza del dolore, ma sapeva che la scala era pericolosa, aveva ricevuto la convinzione che lo fosse. Continuarono a sostituire una scimmia alla volta e alla fine nessuna delle cinque scimmie rimaste aveva avuto l'esperienza originaria, ma nonostante questo nessuna di loro si azzardava a salire sulla scala, perché le scimmie che avevano avuto l'esperienza e che le avevano precedute avevano trasmesso loro la convinzione che la scala fosse pericolosa.

In realtà questo succede molto spesso nella vita di tutti i giorni. Le convinzioni che abbiamo oggi, infatti, derivano di frequente dalle convinzioni di qualcun altro. Una volta, durante una vacanza con degli amici, mi trovavo in cucina con una ragazza che si apprestava a preparare delle verdure. Mentre io stavo per riempire la pentola di acqua calda lei mi ha fermato dicendo: «No, fermo! Devi mettere l'acqua fredda!» «Va bene, ma dimmi perché» le ho risposto io, che, essendo molto curioso, voglio sempre conoscere la ragione delle cose. Lei mi ha detto: «Mi hanno insegnato così». Aveva questa convinzione ma non mi sapeva rispondere, non aveva avuto l'esperienza originale. Tutto questo per poi scoprire che la fonte originaria era la nonna; infatti sono venuto a sapere che tanti anni fa non si usava mettere direttamente l'acqua calda, perché non in tutte le case c'erano gli scaldabagno o perché comunque non erano potenti come quelli attuali, e anche perché l'acqua che vi ristagnava non era pulita come può essere oggi, e per tanti altri motivi che non hanno più ragione di esistere. La convinzione, quindi, era nata da una tecnologia molto vecchia che negli anni è cambiata, è progredita, mentre la convinzione, invece, è rimasta immutata.

In psicologia per capire meglio i problemi dei figli si vanno a studiare i genitori, perché molto spesso le convinzioni o le problematiche di un genitore vengono trasmesse al figlio; pensa ad esempio alle aspirazioni mancate, la mamma che vuole che la figlia faccia la ballerina proprio perché lei quando era giovane non ha potuto coronare il suo sogno.

SEGRETO n. 36: la convinzione, positiva o negativa, nasce da esperienze nostre o di altri e spesso resiste anche quando non è più giustificata dalla realtà.

Ora che con questi esempi ti ho reso più chiaro come le convinzioni altrui possano influire sulle nostre limitandoci, riprendi le dieci convinzioni, cinque potenzianti e cinque limitanti, che avevi scritto prima e domandati a chi appartengono: sono veramente le tue? Sono scaturite da esperienze fatte da te o le hai ereditate da qualcuno? È molto importante fare bene questo esercizio riguardo alle cinque convinzioni limitanti. Riguardo a quelle potenzianti può essere interessante scoprire chi ce le ha passate, ma nulla di più. Ad esempio io ho tante convinzioni molto potenzianti sul successo che mi sono state trasmesse da mio padre che ha sempre fatto l'imprenditore e casualmente io ho fatto la stessa cosa, non sono mai stato dipendente. Ma è fondamentale prendere consapevolezza della provenienza delle proprie convinzioni limitanti in modo da abbandonarle, non solo per non rovinare la nostra vita, ma per non correre il rischio di trasmetterle ai nostri figli. Prenditi cinque minuti di tempo e fai questo esercizio.

Hai scoperto che alcune delle tue convinzioni vengono da qualcun altro? È molto comune, ma bisogna stare attenti all'influenza che possono esercitare su di noi. Il problema qual è? Che se ad esempio durante l'infanzia una persona autorevole come la mamma o un insegnante ha detto anche una sola volta: «Giacomo è timido» io, bambino, sono cresciuto con la convinzione di esserlo, cominciando a comportarmi, ad agire da timido.

E in effetti più mi dicevano così, più mi comportavo da timido e più rinforzavo la loro convinzione e anche la mia; ecco come si origina il ciclo dell'insuccesso. Può essere accaduto che una volta, da piccolo, non mi andasse di andare a una festa, oppure che ci sia andato malvolentieri rimanendo zitto, perché mi etichettassero come timido. La maggior parte delle nostre convinzioni sono nate così, magari ce le ha imposte del tutto involontariamente qualcun altro, però le abbiamo prese per vere.

Un insegnante che ti dice: «Tu non sei portato per la matematica» ti incolla un'etichetta. Tu te ne convinci e smetterai anche di impegnarti nello studio, certo che tanto non ne valga la pena, visto che non sei portato. Anzi, per tornare alla soddisfazione dei bisogni, è anche un modo comodo per scaricare la propria responsabilità. Quando a me hanno "incollato" l'etichetta di "più bravo della classe", certo, da una parte mi ha fatto comodo, visto che quando andavo male mi davano comunque non meno di sei; ma avvertivo il peso di dover essere quello bravo a tutti i costi, di non poter andare male.

Perché di per sé tutte le etichette hanno un impatto molto forte su di noi; quindi bisogna valutare se ci danno risultati positivi oppure se ci bloccano, ci limitano. Ecco perché bisogna verificare la loro validità in base alla distinzione potenziante/limitante e non a quella vero/falso oppure oggettivo/soggettivo, perché tutte le convinzioni sembrano oggettive a ognuno di noi. Non è importante sapere se sia così o meno, ma se quella convinzione possa aiutarti oppure ostacolarti. Essere timido mi aiuta? No. Vale la pena metterla in discussione e cercare di cambiare.

La prima volta che mi è stato chiesto di scrivere quali fossero le mie convinzioni limitanti, quella che ho scritto prima di tutte è stata: «io sono timido, sono convinto di essere timido». E devo essere riuscito a smontarla molto bene se poi sono diventato un formatore! Quindi si può fare, vedremo come, quando affronteremo gli esercizi sulle convinzioni. Anthony Robbins che, come sai, ha parlato delle leve motivazionali del "piacere" e del "dolore", usa un metodo molto forte per il cambiamento delle convinzioni; dice: «Se volete cambiare, associate un dolore fortissimo all'idea di non cambiare e un piacere intenso all'idea del cambiamento».

E nei suoi corsi ti fa vivere entrambi, sia il piacere, perché quando salti ed esulti con diecimila persone ti senti veramente in estasi, sia il dolore, perché ti assicuro che quando sei circondato da diecimila persone che come te urlano e piangono, avverti una sofferenza enorme. A me è sembrato di vivere un inferno, di trovarmi in un girone dantesco, ed è questa sensazione che Robbins fa associare all'idea di non cambiare, di tenersi le convinzioni e trasmetterle alle generazioni future.

Quando cominci a pensare che tuo figlio sarà limitato come te perché avrà quelle stesse convinzioni per colpa tua, ti assicuro che ha il suo impatto. Non è l'unico metodo che la PNL ti suggerisce per cambiare le convinzioni; anzi, ce ne sono tanti altri. D'altronde, più opzioni si hanno e meglio è, perché, come abbiamo detto nelle pagine precedenti, una sola opzione non permette una scelta e due opzioni danno luogo a un dilemma. Quindi, ogni volta che dobbiamo prendere una decisione orientata a un cambiamento, dobbiamo avere per lo meno tre possibilità, non la dicotomia tra non cambio/cambio, ma l'alternativa tra cambio in questo modo, in quest'altro o in quest'altro ancora, il che presuppone di per sé una trasformazione.

Ti insegnerò la tecnica per cambiare le tue convinzioni limitanti e trasformarle in potenzianti, perché è da esse che dipende la qualità della tua vita. Avere convinzioni potenzianti significa entrare in quel meccanismo ciclico che abbiamo definito "Ciclo del successo", che ti farà sentire sempre meglio, sempre più forte, più sicuro, e la soddisfazione dei bisogni sarà immediata e molto più semplice. Parte tutto da te, e proprio per questo è una strategia che si può applicare sia nella vita personale che in quella professionale. Il lavoro che farai su te stesso, infatti, ti sarà utile, se sei un genitore, per evitare di commettere errori con i figli e come figlio per analizzare in che cosa il genitore ti ha condizionato. Pensa alle convinzioni culturali che si sono tramandate nei secoli. Per quanto tempo si è creduto che fosse il sole a girare intorno alla terra? Fino a quando Copernico non ha capito che quella convinzione era errata. Sì, ma quanto ci è voluto per abbatterla?

Un altro esempio, legato invece alle nostre tecnologie, riguarda la tastiera del computer. Robbins fa notare che il sistema "Qwerty", così denominato dalle prime lettere in alto Q, W, E, R, T e Y impresse sulla tastiera, sia in realtà complicatissimo e rallenti la digitazione. Creato circa un secolo fa per le macchine da scrivere, era stato pensato come sistema per rallentare la velocità, affinché le delicate macchine da scrivere di allora non soffrissero di problemi meccanici.

Questo sistema in realtà non è più appropriato alle moderne tastiere dei computer, ma poiché ormai si è creata un'abitudine culturale ad esso, ed è anche quello più diffuso, ciò è andato a scapito di tastiere più funzionali ed efficaci come la "Dvorak", il cui schema ha fatto stabilire tutti i record mondiali di velocità. Pensa come una convinzione possa limitare anche lo sviluppo tecnologico.

Uno dei metodi per modificare le convinzioni è cominciare ad analizzare quali conseguenze abbia finora avuto su di noi una convinzione limitante. Abbiamo visto che spesso anche i nostri problemi soddisfano un bisogno, anche se in maniera nascosta, e ci procurano i cosiddetti vantaggi secondari. Anche le convinzioni limitanti, spesso, servono a darci sicurezza, a farci rimanere nella nostra zona di comfort, a proteggere qualcosa di noi.

A questo proposito voglio proporti un esercizio di simulazione fatto durante uno dei miei corsi con tre dei miei allievi come volontari. Io, nel ruolo del coach, facevo una serie di domande allo scopo di sbloccare il "cliente", ossia un primo allievo che si immedesimava in un ipotetico cliente bloccato da una convinzione limitante, come ad esempio: «Penso che una vacanza a Ibiza non sia adatta a una coppia», oppure: «Penso di essere timido». Gli altri due allievi erano ai lati della scena. Uno prendeva le difese della convinzione cercando di illustrarne tutti i vantaggi e i benefici, per esempio: «Questa convinzione, anche se limitante, ti serve perché ti aiuta a proteggere il tuo rapporto», oppure «Ti permette di mantenere la tua zona di comfort»; l'altro cercava di sottolinearne i limiti e gli svantaggi: «No, questa convinzione è limitante, non ti permette di divertirti, non ti permette di crescere» e così via.

In questo esercizio i "pro" e i "contro" vengono dunque personificati dai due allievi, che si confrontano mentre ognuno cerca di far prevalere la propria ragione. Questo esercizio serve perché la persona che ha la convinzione limitante possa rendersi conto di quello che c'è dietro alla sua convinzione e prendere consapevolezza dei meccanismi interiori che la sostengono, ma soprattutto perché abbia coscienza di quali sono i vantaggi e gli svantaggi e quali bisogni vengono soddisfatti attraverso di essa.

Alla fine della discussione tra le due parti, io, come coach, ho cercato di tirare le somme chiedendo al cliente cosa pensasse di fare dopo aver compreso i pro e i contro della sua convinzione. La finalità dell'esercizio non è ovviamente riuscire a cambiare la convinzione dell'altro, ma far sì che la persona prenda consapevolezza della sua stessa convinzione e che impari a metterla in dubbio, ricordandosi che le convinzioni non sono oggettive, non sono vere in assoluto. Ecco la trascrizione dell'esercizio, anche qui nota il mio ruolo di coach che fa da intermediario, che fa domande semplici o che ripete le frasi dette per stimolare risposte più complete:

****

GIACOMO: Chi vuole dimostrare l'esercizio? Tre persone, prego, un applauso a Maurizio che arriva per primo! Ne servono altre due: Arianna e Massimo, perfetto. Chi è il pro e chi il contro? Arianna, tu parlerai contro la convinzione, hai la faccia giusta! E tu, Massimo, la dovrai difendere. Maurizio è il cliente, io sono il coach.

MAURIZIO: E la convinzione? Me la invento?

GIACOMO: Pensa a una tua convinzione reale limitante o, se vuoi, puoi immaginarla.

MAURIZIO: I dobermann sono cani feroci.

GIACOMO: I dobermann sono cani feroci…

MAURIZIO: Io di questo ne sono convinto.

GIACOMO: La sua convinzione, quindi, è che i dobermann siano cani feroci. A me interessa solo verificare l'esercizio, poi ciascuno di voi potrà ripeterlo su una propria convinzione limitante reale. Quindi tu, Arianna, devi contestare questa convinzione di Maurizio.

ARIANNA: Posso fargli alcune domande?

GIACOMO: No, tu devi solo convincere Maurizio che la sua è una convinzione assurda.

ARIANNA: Va bene, cerco di farlo. Maurizio, tu sai perfettamente che i dobermann non sono cani feroci di per sé, perché, innanzi tutto, un cane è feroce o meno a seconda di come viene allevato e addestrato. La pericolosità dei cani, infatti, non sta nell'appartenere a una razza piuttosto che a un'altra, ma negli addestramenti eventualmente sbagliati cui vengono sottoposti, poiché, così come gli esseri umani, apprendono a seconda di ciò che viene loro insegnato. Non è dimostrato che i dobermann siano particolarmente aggressivi e, in particolare, nel decreto Sirchia uscito nel 2003 non risultano una categoria a rischio.

GIACOMO: Ti ho scelto un compagno "tosto", ti pare? Molto informata! Bene, che vantaggi ci sono? Massimo, tocca a te.

MASSIMO: E, invece, quale mai potrebbe essere il vantaggio di possedere la convinzione che i dobermann sono feroci? Perché i dobermann sono feroci; altrimenti perché li vedremmo sempre ben assicurati alla catena o chiusi in recinti a protezione? Come mai vengono sempre presi ad esempio di ferocia? Sono feroci, dai, non c'è verso!

GIACOMO: Aspetta. Cerchiamo di estrarre il perché possedere una convinzione del genere, quand'anche limitante, è particolarmente utile per lui. Qual è il vantaggio di avere una convinzione del genere?

MASSIMO: Forse il vantaggio potrebbe stare nel fatto che se un giorno dovrà pensare a una forma di sicurezza per qualche sua proprietà, quasi certamente sceglierà di prendere un cane dobermann, perché sa che è feroce.

GIACOMO: Perché già sa che è feroce. Bene, quindi questa convinzione, secondo te, lo porterà a sapersi difendere meglio un domani. Magari, se dovrà scegliere un cane, sceglierà proprio un dobermann. Oppure immagino rientri anche nel suo istinto di protezione avere la convinzione che un cane dobermann è particolarmente feroce e che potrebbe fargli del male. Questa convinzione lo porterà a stare lontano dai dobermann e, quindi, lo proteggerà. Spesso dietro le convinzioni, e infatti, Maurizio, me lo puoi confermare, c'è proprio un istinto di protezione, la volontà di proteggere il rapporto da influenze esterne o persone particolari in un ambiente che può essere negativo. Quindi, l'attuale convinzione di Maurizio soddisfa…

MASSIMO: … il suo "bisogno di sicurezza".

GIACOMO: Bene, sentiamo la controparte.

ARIANNA: È dimostrabile che anche altri cani possano soddisfare il tuo bisogno di sicurezza. Quindi, perché accanirsi proprio nei confronti di un determinato tipo di razza canina e cioè quella del dobermann? Altri cani possono darti lo stesso beneficio, per cui non sussiste la ragione della tua paura nei confronti di questa razza. Io stessa posso dirti che ho visto splendidi dobermann accudire cuccioli, difendere altri cani e non manifestare il carattere di animali da difesa.

GIACOMO: Bene, torniamo a Massimo.

MASSIMO: Io non li ho mai visti in azione, però ritengo che la ferocia dei dobermann sia nei cromosomi stessi della razza, che li portano ad essere feroci. Tanto che la loro aggressività si perpetua nelle generazioni. Quindi è sicuramente dimostrato che i dobermann sono animali feroci.

GIACOMO: Poi, partendo dalla sua prima affermazione, dovresti far notare ad Arianna che se è vero che tutti i cani possono essere feroci se addestrati nel modo sbagliato, lo possono essere anche i dobermann. Ti pare?

MASSIMO: Quindi (rivolgendosi ad Arianna) dai come presupposto che i dobermann siano aggressivi?

ARIANNA: No, ma ci sono anche altre razze che sono comunque aggressive.

GIACOMO: Sicuramente, e lui continuerà a ripeterti che anche i dobermann sono feroci e quindi continuerà a credere di averne paura.

ARIANNA: No, in realtà si dice che i dobermann acquisiscano aggressività con il crescere e, per questo, ci sarebbe una spiegazione scientifica. Pare, infatti, che abbiano la scatola cranica un po' piccola e proprio a causa della scarsa ampiezza del cranio può capitare che crescendo impazziscano.

GIACOMO: (sorridendo) Non vi ho detto che lei è veterinaria!

ARIANNA: No, non è vero, no! Sono laureata in Legge. Quindi, come dicevo, in realtà il fatto di andare "fuori di testa" è riconducibile...

GIACOMO: E qual è il problema di avere questa convinzione secondo te?

ARIANNA: Il problema è che Maurizio si concentra soltanto un dato negativo secondo lui tipico di questa razza e non considera, invece, tutti i dati positivi. Non è vero in assoluto che impazziscano, ormai la cosa è tenuta sotto controllo. Quindi, ripeto, non vi è ragione di allarme!

GIACOMO: Be' ma non fa danno a lui...

ARIANNA: È come il gatto nero. Ecco, parliamoci chiaro, è proprio come dire che il gatto nero porta sfortuna. È una diceria, una superstizione, in questo caso.

GIACOMO: Ora dimmi, secondo te una convinzione del genere che danni potrebbe provocare a Maurizio?

ARIANNA: Be', potrebbe far sì che non si avvicini ai dobermann, mentre, invece, facendolo, potrebbe instaurare con questi animali un rapporto molto più sereno. Oggi se incontrasse un dobermann cambierebbe marciapiede, facendo la figura del folle. Tra l'altro è chiaramente terrorizzato e il terrore non è sicuramente un sentimento positivo. Probabilmente lo assocerà anche ad altri cani che somigliano ai dobermann, quindi, ad esempio, ai rottweiler, ai cani genericamente neri e via di seguito. Ecco perché dico che questa sua convinzione certamente non è positiva.

GIACOMO: Va bene. Dopo aver ascoltato i pro e i contro di questa convinzione, passiamo di nuovo ad ascoltare Maurizio. Arianna ti sta dicendo che, a causa di questa convinzione, rischi di tenerti lontano da animali che potenzialmente potrebbero essere affettuosissimi. Oltre a perdere l'occasione di colmare il tuo bisogno di instaurare un legame anche con un animale domestico, stai rischiando di fare la figura del pazzo per strada. Massimo, invece, ti sta dicendo che questa convinzione ti è utile, perché comunque ti protegge da cani potenzialmente aggressivi. In più se un domani deciderai di dotare la tua casa di una qualche forma di sicurezza e per farlo penserai a un cane, saprai già verso quale razza orientarti. Quindi, sentite le due parti, il pro e il contro, puoi dirmi cosa pensi di questa tua convinzione?

MAURIZIO: Be', Arianna ha detto che un po' tutti i cani possono essere feroci, quindi, in base a questo, potrei essere portato a pensare che…

ARIANNA: Non mi mettere in bocca cose che non ho detto!

MAURIZIO: No, volevo dire che, in base a ciò che hai detto, potrei pensare che non è assodato che i dobermann siano feroci. Ora non è detto che, per questo, io arrivi a ribaltare del tutto la mia convinzione, però, pensando in positivo, se avessi bisogno di una difesa, potrei acquistare un dobermann. In più mi hai detto che può anche essere affettuoso e per questo, nel caso, potrei decidere di prenderne uno con me.

GIACOMO: Ho capito. Ti senti meglio adesso nei confronti dei cani?

MAURIZIO: Sì.

GIACOMO: Va bene, un applauso!
****

Dopo aver svolto questo esercizio e aver fatto il bilancio dei vantaggi e degli svantaggi, non necessariamente deciderai di cambiare la tua convinzione. Ed è questo il motivo per cui, nei corsi in aula, lo dimostro prima degli esercizi sul cambiamento vero e proprio. In questo modo aumenta la consapevolezza, da parte dell'allievo, circa la convinzione stessa; inoltre potrebbe rendersi conto del fatto che, tutto sommato, i vantaggi che ne conseguono sono tali e talmente utili che tanto vale mantenerla. Che in fondo non è più così limitante come gli era sembrata un tempo, e che tutto sommato addirittura potrebbe aiutarlo, portarlo a raggiungere dei risultati.

L'esercizio, è ovvio, non serve a valutare se un cane è più o meno aggressivo e, quindi, potenzialmente pericoloso; sicuramente ce ne sono tanti pericolosi e tanti altri affettuosissimi, quindi non c'è una realtà oggettiva. Sta di fatto che Maurizio ha vissuto un'esperienza che lo ha segnato, tanto da farlo stare lontano dai cani, ma è riuscito comunque a trovare una via di mezzo, un equilibrio.

Ora, se trovasse un cane affettuoso, probabilmente non disdegnerebbe la sua compagnia. Come ti dicevo, questo esercizio viene fatto eseguire prima di quelli di cambiamento, che sono invece più forti, in quanto vanno a modificare la percezione che si ha della convinzione stessa.

Quando si svolgono esercizi come questo è importante considerare non i contenuti, in questo caso «i cani non sono aggressivi, ma affettuosi», ma quanto c'è di vantaggioso e svantaggioso nella convinzione. Il coach, in particolare, deve stare attento a quali vantaggi e svantaggi vengano posti sulla convinzione e non sui contenuti. Durante lo svolgimento di questo esercizio si creano anche dei meccanismi divertenti, perché di fatto si acquista consapevolezza anche della stupidità di alcune proprie convinzioni.

Anche tu puoi eseguirlo a casa, senza bisogno di coinvolgere altre persone, in un modo molto semplice: scegli una delle tue cinque convinzioni limitanti, procurati un foglio, dividilo in due e scrivi da un lato la difesa della tua convinzione e dall'altro l'attacco ad essa: «Questa convinzione mi serve per questi motivi mentre è limitante per questi altri». Ti invito a fare questo esercizio con tutte le altre convinzioni limitanti che hai, che sicuramente saranno più di cinque. E se qualcuno osa dire che non ne ha, in realtà dimostra di averne già una, credendo non sia utile mettersi in gioco. Sii invece sincero con te stesso, perché l'esercizio serve proprio a renderti consapevole dei pro e contro della tua convinzione, tanto da poter dire: «Questa convinzione tutto sommato mi piace, me la tengo perché mi è utile; quest'altra invece non la voglio più, voglio cambiarla assolutamente».

SEGRETO n. 37: è importante scoprire l'origine delle nostre convinzioni, soprattutto delle limitanti, per decidere se mantenerle o liberarcene.

RIEPILOGO DEL GIORNO 6:

- SEGRETO n. 31: per ottenere la risorsa potenziante che desideri, ti basta riaccedere a un momento del tuo passato in cui l'hai posseduta, immedesimarti nello stato d'animo che avevi e recuperarla.
- SEGRETO n. 32: fa ciò che ami o, altrimenti, ama ciò che fai; il segreto per riuscirvi è cambiare la percezione che hai della situazione o delle attività che non ti piacciono.
- SEGRETO n. 33: la convinzione di essere ciò che sei, a livello personale o aziendale, influenza i tuoi comportamenti rendendoli o meno efficaci per la realizzazione del tuo sogno.
- SEGRETO n. 34: in base al "Ciclo del successo", una convinzione positiva ti indurrà ad attivare maggiori risorse per conseguire il risultato cui tendi, che, a sua volta, rafforzerà la convinzione stessa.
- SEGRETO n. 35: le convinzioni sulla propria identità sono potentissime, possono creare limiti enormi o fornire enormi potenzialità, addirittura, in alcuni casi, modificare la propria visione della realtà.

- SEGRETO n. 36: la convinzione, positiva o negativa, nasce da esperienze nostre o di altri e spesso resiste anche quando non è più giustificata dalla realtà.
- SEGRETO n. 37: è importante scoprire l'origine delle nostre convinzioni, soprattutto delle limitanti, per decidere se mantenerle o liberarcene.

GIORNO 7:
Realizzare il tuo Cambiamento

Se vogliamo veramente attrarre il nostro successo e i nostri obiettivi, la Nuova Legge di Attrazione ci dice che dobbiamo realizzare il cambiamento delle convinzioni limitanti. Ma come si fa a cambiare una convinzione? Come si fa a trasformare una convinzione limitante in una convinzione potenziante? Come ti ho detto, un metodo può essere quello di associare dolore alla convinzione limitante e piacere a quella potenziante. Ti proporrò anche un esercizio di questo tipo, ma in una forma molto soft, non alla Robbins, anche se il suo metodo funziona molto bene. Le convinzioni, come abbiamo detto più volte, nascono dalle esperienze nostre o altrui e sono supportate da una serie di pilastri, di riferimenti.

Io, per esempio, nella mia convinzione di essere timido, che riferimenti avevo? I miei genitori, che mi facevano notare come in occasione di feste o riunioni tra amici fossi piuttosto taciturno e come, a volte, mi vergognassi di andare a chiedere una cosa a un adulto. Immagina che la convinzione sia come il piano di un tavolo e che le sue gambe siano i tuoi riferimenti; quanto più questi riferimenti sono emozionalmente forti, tanto più immaginerai una gamba del tavolo massiccia.

Durante un corso sul successo finanziario cui ho partecipato, ho analizzato la mia convinzione limitante che non si possa vincere in Borsa. Nell'ambito del corso venivano insegnate strategie di Borsa, e una convinzione del genere mi rendeva difficile seguire bene, raggiungere dei risultati o persino provare le strategie proposte. Era difficile sperimentare le varie tecniche su di me, cosa che di solito viene consigliata in PNL, perché in questo caso si rischiavano soldi. Allora, molto sinceramente, ho espresso al trainer di quel corso la mia convinzione: «Secondo me non si può vincere in Borsa», e lui mi ha risposto: «Bene, come fai a saperlo?» In questo modo ha estratto i miei riferimenti, perché io gli ho risposto: «Guarda, ho un amico che gioca in Borsa e perde sistematicamente. In più non l'ho mai fatto, non ho esperienza, quindi non vedo proprio perché io dovrei vincere in Borsa. Se ci fossero strategie per vincere in Borsa in maniera facile, sarebbero tutti ricchi. Figuriamoci se in una giornata mi puoi insegnare delle strategie per vincere! Poi lo sanno tutti che la Borsa è in continuo crollo, c'è un recesso economico dal 2001».

Cosa ha fatto questo trainer? Ha disegnato un tavolo sul cui piano ha scritto «non si può vincere in Borsa» e sulle quattro gambe, rispettivamente, «amico perde», «mai fatto», «sarebbero tutti ricchi» e «Borsa scende». Poi ha detto: «Bene, questi sono i tuoi riferimenti; vediamo se sono davvero validi ancora oggi, magari sono atteggiamenti che hai appreso quando eri bambino». Ti dico solo che successivamente ho fatto lo stesso lavoro con la timidezza. Ho scardinato tutti i riferimenti che sostenevano la convinzione che io fossi timido e, una volta fatto, non potevo più esserne convinto. Quella convinzione che veniva dal passato non aveva più senso di esistere con le conoscenze e la sicurezza di oggi.

Tornando al corso di strategia finanziaria, il trainer ha cominciato a farmi domande su ognuno dei miei riferimenti. Mi ha chiesto: «Il tuo amico perde?», ho risposto: «Sì, perde. Ha investito 30 milioni, ora ne ha 12, quindi ha perso più del 50 per cento del suo capitale iniziale. Come la mettiamo? E non è l'unico, è successo anche ad altre persone». E il trainer: «Ma lui ha delle strategie? Ha fatto dei corsi per vincere in Borsa?» Ho risposto di no. A quel punto mi ha proposto una metafora molto forte: «Tu impareresti a sciare da qualcuno che non sa farlo?» Effettivamente non c'era alcun motivo perché io prendessi come riferimento una persona che non sa nulla di Borsa, investe alla cieca e, ovviamente, perde.

Nella PNL si parla sì di modellamento, ma il modellamento va fatto riferendosi a persone eccellenti, a grandi geni, a coloro che riescono nel loro settore. Se vuoi vincere in Borsa, prendi a modello qualcuno che già vince, non uno che perde; tanto più che questo dimostra che perde chi non ha strategie, chi non è preparato. Con la sua frase il mio trainer aveva smontato il primo dei miei riferimenti, ossia «amico perde», che era addirittura diventato un riferimento a suo favore, dimostrando che per vincere in Borsa è necessario essere preparati, aver fatto corsi.

Secondo riferimento: il «mai fatto». «Certo che non l'hai mai fatto» mi ha detto il mio trainer, «sei qui per imparare; ti ho già dimostrato che una persona che non l'ha mai fatto e si improvvisa investitore perde, l'hai constatato tu stesso con l'esempio del tuo amico. È per questo che farai pratica con le simulazioni e imparerai diverse strategie. Quindi "mai fatto" puoi semplicemente cancellarlo, perché, come per tutte le cose, basta fare esperienza».

Terzo riferimento: «sarebbero tutti ricchi». Forse questo è vero; ma effettivamente la maggior parte delle persone che investono non fanno corsi di finanza, bensì agiscono o su consiglio della Banca o perché hanno un'infarinatura di economia. Ma chi vince ripetutamente in Borsa è proprio chi segue strategie, studia ed è preparato.

Posso dire lo stesso di alcune tecniche della PNL molto efficaci come quella, di cui ti parlavo nelle pagine precedenti, per guarire le fobie in dieci minuti, quando è convinzione comune che ci vogliano anni. Quando parlo di questa tecnica mi dicono: «Se è vero che funziona in così poco tempo, perché non tutti gli psicologi la usano?» Io rispondo: «Perché non la conoscono». È vero, esiste questa tecnica e ci sono corsi che permettono di apprenderla in mezza giornata o anche in meno, ma non tutti pensano sia utile seguirli. Così succede anche per quanto riguarda le strategie finanziarie. In Borsa vince chi è più preparato e usa le giuste tecniche, chi è emotivamente saldo nel mantenere le proprie decisioni e le proprie strategie.

Quarto riferimento: «la Borsa scende». È vero, ma ciò che sanno in pochi è che quando la Borsa scende si può vincere e guadagnare molto di più giocando al ribasso. Nel momento del crollo, infatti, in percentuale si guadagnerà di più rispetto a un titolo che sale pian piano.

Il trainer, quindi, uno alla volta, ha smontato tutti i miei riferimenti. Non mi ha convinto che in Borsa si vince sicuramente, ma semplicemente mi ha aperto la mente, mi ha preparato ad ascoltare quello che mi avrebbe insegnato, trasformando la mia convinzione da «non si può vincere in Borsa» in «penso che si possa vincere». Ovviamente poi è necessario supportare questa convinzione con delle strategie, e infatti nei due giorni seguenti mi ha insegnato una serie di tecniche e mi ha dimostrato il loro funzionamento facendomi fare delle simulazioni.

Quando si smonta una convinzione limitante, infatti, bisogna sostituirla con una potenziante, non si può solo eliminarla. Per questo abbiamo lavorato su una nuova convinzione potenziante, ovvero «in Borsa si può vincere con le strategie» e su nuovi riferimenti.

Abbiamo creato un altro tavolino con su scritto «in Borsa si può vincere», e ho scoperto di avere dei riferimenti che prima avevo dimenticato, come ad esempio una serie di libri su come diventare ricchi scritti da persone che hanno fatto la loro fortuna in Borsa. È molto importante mettersi in gioco, essere consapevoli del meccanismo, vedere i pro e i contro, in modo da poter dire: «Questa è la mia convinzione; che riferimenti ho? Magari li ho imparati quando ero piccolo. Sono ancora validi?»

I riferimenti della mia convinzione di essere timido, per esempio, si basavano sul fatto che mia madre me lo dicesse sempre, e io mi comportavo di conseguenza. Ma il fatto che non parlassi tanto con i miei amici, cosa voleva dire? Non necessariamente che fossi timido, semmai che stavo bene da solo; il che, oggi come oggi, è una grande qualità, perché quasi tutti cercano nel rapporto con l'altro soprattutto la soddisfazione del bisogno che deriva dall'essere incapaci di stare bene con se stessi. Quello che ieri era il riferimento di una convinzione limitante, oggi lo vedo come una grandissima qualità, degna veramente di divenire il riferimento di una nuova convinzione: quella di essere sicuro di me. Pensa fino a che punto possa essere ambivalente un riferimento, tanto da poter sostenere una convinzione quanto il suo contrario!

SEGRETO n. 38: immagina che la tua convinzione sia il piano di un tavolo; i sostegni su cui esso poggia sono i riferimenti della tua convinzione; è su di essi che devi intervenire, se vuoi modificarla.

E pensa anche a quante convinzioni hai cambiato nella tua vita. Pensa a quelle che avevi da bambino su Babbo Natale, la Befana, il topino dei denti e così via, e a come si sono modificate nel corso degli anni. Il problema è che da adulti ci convinciamo che sia impossibile cambiare ma in realtà, come dice Robbins: «Il cambiamento è già in noi, che lo vogliamo o no; non si può non cambiare, bisogna solo decidere in che direzione andare: limitante o potenziante». Spesso, soprattutto da adulti, il cambiamento viene associato a un momento di grande dolore; il dolore è la causa del cambiamento, è lo stimolo, proprio come avviene nella tecnica di Robbins, che ti fa associare dolore a uno stato che non sopporti più, che vuoi cambiare.

Robbins lo fa fare consapevolmente, senza aspettare di toccare il fondo, proprio perché lui stesso lo ha toccato. Già all'età di diciassette anni pesava centocinquanta chili, viveva in un'automobile, veniva maltrattato dai genitori e in particolar modo dal padre alcolizzato, la sua vita era assolutamente insulsa, tanto da fargli dire: «Io non sono più disposto ad accettare tutto questo». Ha alzato i suoi standard e ha vissuto a standard più alti per il resto della vita. Robbins ha sperimentato talmente tanto dolore da essere costretto a rialzarsi. E spesso è così: è proprio quando tocchiamo il fondo che abbiamo una crisi di identità che provoca un terremoto a partire dal nucleo della nostra persona, dalle radici alle foglie.

Ricordi lo schema dei livelli logici? La crisi di identità ci porta a modificare tutto il resto: le nostre convinzioni, i nostri valori, ci rendiamo conto che non siamo più disposti ad accettare gli standard abituali. La qualità diventa più importante e di conseguenza ci comportiamo in maniera diversa, magari cambiamo il nostro ambiente e ci diamo da fare per imparare cose nuove. La crisi di identità porta a un cambiamento su tutti i nostri livelli logici e Robbins afferma che, purtroppo, è proprio il dolore la motivazione più forte.

In PNL questo argomento è stato ripreso nei **metaprogrammi** "verso" e "via da". Le persone, cioè, possono essere motivate dal raggiungimento di un obiettivo o, viceversa, dall'allontanamento da un'abitudine, uno stile di vita e così via. Prendiamo ad esempio una persona che voglia cambiare lavoro e fare il pilota d'aerei; la sua motivazione può essere la volontà di andare "verso" il divertimento, facendo un lavoro stimolante, diverso dalla norma, oppure "via" dall'inettitudine, dall'incapacità, dalla stupidità, perché magari questa è la sensazione che prova svolgendo il suo attuale lavoro.

Nel secondo caso possiamo dire che la persona sarebbe motivata dal dolore piuttosto che dal piacere. La divisione, tuttavia, non è così netta; le persone sono in realtà motivate da tutti e due questi stimoli, cioè andare via dal dolore e verso il piacere, anche se in percentuali differenti. Ad ogni modo, per molte persone la volontà di scappare da qualcosa che spaventa o provoca dolore spesso prevale sulla spinta a raggiungere un obiettivo.

Abbiamo detto che una convinzione limitante si può cambiare semplicemente abbattendo i pilastri su cui poggia. Se ti rendi conto che tutti i tuoi riferimenti non sono più validi, non hanno più senso, che effettivamente erano delle sciocchezze, allora la convinzione non ti serve più. Pensare che non si può vincere in Borsa, ad esempio, mi serve? Dipende; probabilmente finora mi ha protetto dallo spreco di denaro, e questo è positivo. Al tempo stesso, però, mi ha limitato, non permettendomi di conoscere strategie vincenti più mirate e sistematiche.

Ricordati però che ogni volta che agisci su una convinzione limitante per eliminarla, devi sostituirla con una potenziante. Se, ad esempio, ci togliamo il vizio del fumo, dovremo comunque soddisfare in altro modo i vantaggi secondari che esso ci procurava, ad esempio il rilassamento, altrimenti torneremo al vizio in breve tempo. Potremo imparare alcune tecniche di rilassamento da mettere in pratica quando ci viene voglia di fumare. Per questo non si parla mai di eliminare convinzioni, ma di trasformare convinzioni limitanti in convinzioni potenzianti.

SEGRETO n. 39: possiamo essere spinti a cambiare una nostra convinzione dal voler andar "via da" qualcosa di negativo o "verso" qualcosa di positivo.

Ti riporto ora la trascrizione di una dimostrazione molto particolare sul cambiamento delle convinzioni svolta in aula durante uno dei miei corsi.

****

GIACOMO: Chi è il buon volontario che vuole ricevere un applauso? Vuoi venire tu, Milena? Bene. Allora, hai una convinzione che vorresti modificare?

MILENA: Sì. Ho una convinzione che vorrei del tutto abbattere.

GIACOMO: Abbattere...

MILENA: Sì, abbattere, cancellare dalla mia vita.

GIACOMO: Bene, bene.

MILENA: Ciò che voglio dire è che sono sempre stata una persona completamente indipendente e, invece, da quando mi sono separata, ho cambiato tantissime cose della mia vita, ho perso tantissime certezze. Quindi sono diventata praticamente dipendente dal mio ex marito…

GIACOMO: Sei dipendente dal tuo ex marito.

MILENA: Ti spiego. Noi siamo separati da dieci anni ma io non riesco a prendere le mie decisioni da sola, non riesco ad avere una mia vita privata perché ho il problema di essere sempre giudicata da lui e sono come terrorizzata. Il mio ex marito mi ha trasmesso diverse suggestioni negative molto forti. Una fra tutte riguarda il fatto che io, a suo dire, con la mia presunzione e il mio egocentrismo, mi sentirei molto più intelligente di lui, però poi, di fatto, mi faccio manipolare da uno scorpione che…

GIACOMO: Questi uomini…

MILENA: Ma non "questi uomini"…

GIACOMO: Lui…

MILENA: Non generalizzo assolutamente, ho la consapevolezza che siano tutti diversi. Ho conosciuto uomini diversi, che poi ho perso perché non riesco a distaccarmi da mio marito. Continua a venire tutti i giorni a casa mia, anche se credo che non debba farlo. È lui che un po' mi costringe, perché mi considera ancora sua moglie, perché sono la madre di suo figlio. Quindi mi vuole lì nel castello fatato ferma e buona; ed è quello che faccio…

GIACOMO: Bene. Quindi, qual è esattamente la convinzione che ti limita? Se dovessimo scriverla qui, sulla lavagna...

MILENA: La mia convinzione è che da sola non potrei farcela, e per giustificarla a me stessa mi sono inventata una serie di falsi alibi: quello che non ho famiglia e sono sola; che ho solo lui al mondo; che, tutto sommato, se sto male lo chiamo e lui corre; che se sto bene è arrabbiatissimo perché…

GIACOMO: Quindi da sola non puoi farcela.

MILENA: Ce l'ho sempre fatta da sola, e invece in questo momento sento che da sola non posso farcela. Ho paura del cambiamento, ho una grandissima paura del cambiamento, di cambiare qualcosa nella mia vita. Lo odio, per questo io lo odio, lo tratto male; però poi so che...

GIACOMO: Che da sola non puoi farcela. Quindi, sei sicura di questa convinzione? Pensi che ti limiti?

MILENA: Certo che mi limita.

GIACOMO: Ti limita molto?

MILENA: Mi limita moltissimo, perché io praticamente non vivo la mia vita, ma la vita che piace a lui, e ho pregiudicato tutto. Non vivo.

GIACOMO: Bene, direi che è una convinzione molto limitante, siete d'accordo tutti? Allora: mi dici che da sola non puoi farcela. Quali sono esattamente i tuoi riferimenti? Tuo marito sicuramente è un riferimento; in che modo? Quando senti che da sola non puoi farcela, tuo marito cosa fa? In che situazioni ti trovi?

MILENA: Mi trovo, a volte, in alcune situazioni imprenditoriali per gestire le quali ho bisogno di una persona che mi dia una mano, e chiamo lui. Chiamo lui perché in questo ci sa fare, è una persona intelligente e abbiamo costruito tante cose insieme. Quindi il mio riferimento è lui, anche se poi tutte le decisioni, pur con lui alle spalle, le prendo da sola, perché io non gli faccio decidere nulla. Però mi serve proprio come uno specchio, mi serve come uno specchio che io poi non ascolto, come una spalla, una protezione.

GIACOMO: Però, alla fine, sei tu a prendere le decisioni. Interessante questo.

MILENA: Sì, sono io a prenderle. Anche perché, come ti ho detto, io mi sento superiore a lui come istinto. Ma non è presunzione.

GIACOMO: Quindi direi che tuo marito e tutta la situazione che mi hai raccontato è un bel riferimento. Scriviamo “marito” sulla prima gamba del tavolo, è un pilastro massiccio! È interessante vedere che comunque, alla fine, lei decide da sola, e il bello è che…

MILENA: Anche se lui mi ha dato delle spinte dall'esterno, dicendo: «Tu non capisci niente»; dunque nei momenti di rabbia mi ha fatto credere certe cose che io cerco di smontare. Però probabilmente nel mio subconscio resto condizionata, perché, alla fine, da sola non sono capace di fare niente, e questo mi porta a pensare che sia vero ciò che lui a volte mi dice: che non capisco niente, sono una poco di buono e cose del genere…

GIACOMO: Più di una cosa, quindi.

MILENA: Lui mi dice: «Vuoi fare come ti pare e vedi che poi ti trovi sempre nei guai?» Capito? E quindi, di conseguenza, io penso: «Forse avrò bisogno io di lui». Perché poi mi infilo sempre in situazioni abbastanza complicate.

GIACOMO: E quindi ti stai convincendo di avere proprio bisogno di lui.

MILENA: Mi sono già convinta.

GIACOMO: Ti sei convinta. Anche questa è una bella convinzione su cui lavorare. Ti sei convinta di aver bisogno di lui, di aver creato dipendenza da lui.

MILENA: Sì, io ho creato dipendenza, penso di aver creato dipendenza.

GIACOMO: Per chi di voi farà il coach: quando fate una domanda e vedete che la persona vi risponde abbondantemente, che fa lei stessa dei ragionamenti sulla sua situazione, consideratela una cosa positiva, perché si evidenziano gli eventuali problemi. Poi il vostro obiettivo non è quello di risolvergli la situazione con due crocette, ma di rendere la persona consapevole di qual è la situazione, di quali sono i vantaggi di quello che le sta succedendo. È una cosa che Milena stessa ha fatto nel raccontarvi tutto questo: si sono evidenziate varie convinzioni, più di una, non solo quella che da sola non può farcela, ma anche quella che sta creando, ha creato dipendenza dal marito, che il marito è uno specchio. Però, nonostante questo, alla fine è lei che prende le decisioni. E siamo partiti dal fatto che lei non era in grado di decidere senza suo marito.

MILENA: Poi lui, a sua volta, ha tutti i miei problemi.

GIACOMO: Lui a sua volta ha tutti i tuoi problemi? Un dramma! Penso che, se riesco a risolvere questa situazione in cinque minuti con un disegno, Bandler mi darà l'oscar della PNL; non so perché ma nelle dimostrazioni che fa Bandler non capitano mai situazioni del genere!

MILENA: È una dipendenza di dieci anni.

GIACOMO: È una dipendenza di dieci anni. Lei dice…

MILENA: Sì, mi dà fastidio. Vado a casa mia e lo trovo dentro, perché mio figlio ovviamente lo chiama, e quindi mi sento proprio pedinata. Non posso vivere la mia vita, quindi. Se voglio avere un compagno, c'è sempre lui presente.

GIACOMO: Bene. Secondo voi, quali bisogni soddisfa con questa convinzione o con questa situazione? In generale: sicurezza, protezione, importanza, legame... tutti.

MILENA: Legame, perché per me è molto importante la famiglia.

GIACOMO: Ecco, ne bastano tre, dice Robbins, per creare una dipendenza e la sua convinzione soddisfa addirittura più di tre bisogni. Quello che mi chiedo è: «Vuoi veramente liberarti di questa convinzione?»

MILENA: Sicuramente. Voglio. Però, guarda, è veramente tanto tempo che ci provo; benché mi sia sempre sentita una persona forte, che ha saputo farcela, più passa il tempo e più sprofondo, io dico, nelle sabbie mobili. Questa situazione, infatti, è una sabbia mobile: non appena esco lui mi ritira giù e non ce la faccio...

GIACOMO: Non riesci a separarti da lui...

MILENA: Eh, purtroppo ho questo limite. Non riesco a separarmi da lui perché come lo mando via dalla porta lo ritrovo che rientra dalla finestra. Non è facile lui, non accetta questa situazione, anche se poi viene trattato male. Quindi, che cosa innesca in me? Innesca il senso di colpa, perché chiaramente lui fa del vittimismo, dunque genera in me un senso di colpa e, di conseguenza, poi sono io che lo richiamo e che gli chiedo scusa. «Oddio, ti ho trattato male? Mi dispiace, vuoi venire a cena stasera?» Capito? Perché lui conosce molto bene tutte le armi della manipolazione; anzi non le conosce, ma per istinto le usa e le usa bene…

GIACOMO: Naturalmente lei è l'unica che ha questo tipo di problema, vero? Nessuno di voi ha problemi nella vita…

MILENA: Io sto con quest'uomo da venticinque anni. All'epoca della separazione è stato più semplice, perché io ero grintosa allora, avevo il mio lavoro; ma la separazione è una situazione peggiore e in una situazione peggiore, di maltrattamento, in cui senti di essere andata a fondo, reagisci dicendo: «Va be', rinuncio a tutto e me ne vado!»

In questa situazione del vivere separati è tutto molto più semplice, io dico: «Mi servo di lui solo nelle situazioni più critiche». Invece questo poi, in ogni caso, crea dipendenza.

GIACOMO: Vedete come vi sta esprimendo tutti i bisogni che soddisfa mantenendo la sua convinzione?

MILENA: Ma io li riconosco tutti, perché mi sono analizzata sempre. È questo il problema nostro: che io mi sono analizzata e sono cresciuta, lui è rimasto dov'era e quindi non c'è più affinità.

GIACOMO: Ti faccio una domanda difficile: in che modo pensi che un lavoro sulle convinzioni possa risolvere questo tipo di situazione?

MILENA: Io ce la metto tutta, vorrei cambiare le mie convinzioni. Però ho dei valori così importanti per me che li dovrei trasferire su un'altra persona. Ecco, forse è questo che mi frena. Però poi non riesco neanche a fare questo. Ricominciamo: forse sarebbe il caso di cambiare l'ambiente di cui tu parlavi prima; io, a questo punto, ho pensato che dovrei andare via...

GIACOMO: Aspetta. Allora, non possiamo lavorare sulle convinzioni finché non sono risolti livelli più alti; in questo momento c'è veramente molto in gioco, c'è tutta la sua vita, venticinque anni di matrimonio, la sua identità di moglie, di mamma, un grande caos.

MILENA: Il mio ruolo! Perché io lavoravo con lui come commercialista, poi sono dovuta diventare psicologa, sono andata via dall'ufficio, ho cambiato la mia identità a 360 gradi. Però vorrei un po' di spazio, adesso.

GIACOMO: E quindi il lavoro che dobbiamo fare è sicuramente a livello di identità e non di convinzioni. Dimmi tu se sbaglio: ma se cambiamo la convinzione e ti convinco che tu da sola ce la puoi fare e puoi decidere autonomamente…

MILENA: Ma io quello lo so…

GIACOMO (sorridendo): È già cambiata, grazie!!!

MILENA: No, so bene che è un errore; io ho la consapevolezza di potercela fare da sola, hai capito?

GIACOMO: Infatti, è quello che pensavo.

MILENA: Io la teoria la conosco. È poi il mettere in pratica che mi crea qualche difficoltà.

GIACOMO: Sì, sì. È esattamente come ho detto io: sai già di potercela fare da sola. Per questo ti dico: «Non c'è da lavorare su questa convinzione». Qui c'è da fare un lavoro molto più ampio, su una convinzione che è molto più complessa di una semplice convinzione limitante. Noi parliamo di "sistema di convinzioni" quando c'è un insieme di convinzioni su una data situazione. In una situazione così strutturata ci sono quindici/venti convinzioni che andrebbero modificate e dunque, anche se cambio una convinzione e la persuado che può farcela da sola, se vuole – e ne è già convinta –, non cambierebbe nulla.

Ecco perché sostengo che è inutile lavorare su livelli sui quali non è necessario farlo; è inutile perdere tempo lavorando sulle capacità, cercando di formare alla vendita i venditori di un'azienda, se poi sono convinti che il prodotto che propongono non sia un granché. Così, è inutile lavorare sulle convinzioni se il problema è a livello di identità o addirittura di spirito, perché coinvolge tutta la tua vita, la tua missione, la famiglia, tutto. Per cui questo è un altro lavoro.

MILENA: Eh lo so, è un bel lavoro pesante, però devo risolvere questa situazione. Io sto qua e non mi muovo fino a che non risolvo il problema, l'ho detto eh!

GIACOMO: Va bene, tanto costo poco, tranquilla…

MILENA: Approfitto…

GIACOMO: Approfitta. Va bene. Ora dimmi una convinzione su cui vuoi lavorare, una convinzione maggiormente specifica.

MILENA: Che praticamente tutto si può ricostruire, che non è solo lui l'uomo della mia vita, che posso trovare un'altra persona con cui condividerla.

GIACOMO: Benissimo, questa mi piace di più. Attenzione, se fate il lavoro di coach, a capire qual è il problema vero; spesso non è quello che vi esternano all'inizio, ma si va oltre. Quindi salite sempre di livello finché potete, finché non arrivate al tetto, e allora potrete dire: «Bene, effettivamente il problema è quassù». Non soffermatevi troppo giù, perché spesso il problema è più in alto. La Nuova Legge di Attrazione ci dice che possiamo attrarre ciò su cui ci focalizziamo. Ma se ci focalizziamo su un livello sbagliato, non otterremo i risultati desiderati. Quindi: lui non è l'unico uomo. Al momento sei convinta che sia l'unico uomo?

MILENA: Allora, come mio uomo io non lo vedo, però per me è rappresentativo della mia famiglia, e siccome non ho famiglia, perdere lui è come aver perso i miei genitori. Io sono molto moderna, però a certi valori ci tengo, soprattutto per mio figlio, e allora ho mantenuto anche questo padre per dare un indirizzo giusto a mio figlio maschio, e in questo devo dire che ritengo di essere stata capace di aver costruito qualcosa di concreto, che mi dà soddisfazione. Per cui dico: ho pregiudicato per un po' di anni la mia vita, però tutto sommato ho fatto qualche cosa di positivo, e a mio figlio non ho fatto mancare la figura del padre perché, benché separati e pur avendo due case distinte, ha sempre frequentato casa mia.

GIACOMO: Bene, quanti anni ha tuo figlio adesso?

MILENA: Mio figlio ora è grande, ha diciannove anni.

GIACOMO: Diciannove anni, quindi direi che è abbastanza grande perché possa cavarsela da solo senza che tu gli costruisca quella famiglia che in questi anni gli hai voluto far vedere, no? Quindi puoi, se l'hai fatto per lui…

MILENA: Sì, ma potrebbe anche essere un falso alibi…

GIACOMO: No: sicuramente una parte di te l'ha fatto per tuo figlio, perché pensa che sia una cosa importante tuo figlio. Bene, quella parte di te che l'ha fatto per tuo figlio, adesso può lasciarlo andare, nel senso che non si deve più preoccupare di procurargli un padre. Anche perché, altrimenti, c'è il rischio che lui prenda a modello un tipo di famiglia nella quale i due genitori litigano, non vanno d'accordo…

MILENA: È quello che a me dispiace…

GIACOMO: E che continuano a tirare avanti una storia ormai esaurita. Alla lunga, potresti danneggiare lui, perché rischia di imparare quel tuo modello: un tipo di famiglia nella quale i genitori si scontrano tra loro e litigano di frequente. Rischi che faccia la stessa fine. Così, se non vuoi questo, indirizzalo verso una strada più libera, più indipendente; magari fagli capire che finora l'hai fatto per lui ma che un domani lui dovrà comportarsi diversamente. Ma non basta dirglielo: gli devi dare l'esempio. Quindi fagli vedere che tu sei una mamma brava che ci ha tenuto a lui, ma che hai anche una tua vita.

MILENA: Lui in questo non mi stima molto, perché afferma: «Tu sembri tanto forte, però in realtà non fai che lamentarti senza mai arrivare al concreto!»

GIACOMO: Ma lui vorrebbe che tu avessi un'altra vita?

MILENA: Lui sì, mio figlio sì.

GIACOMO: Ecco, vedi, tu ti preoccupi per lui e lui si preoccupa per te. Situazione classica, classica veramente.

MILENA: Cioè, vorrebbe che avessi una vita normale, che fossi più felice, più realizzata nella mia vita.

GIACOMO: Bene, altri uomini per te! Hai vinto altri uomini (scrivendolo sul piano del tavolo) ecco la nuova convinzione che dovrai avere.

MILENA: Come? Ma io…

GIACOMO: Hai paura, eh? Di perdere la sicurezza, la zona di comfort. Avete visto che faccia? Forse ti chiederai: «Come posso soddisfare i miei bisogni? In che modo posso soddisfare gli stessi bisogni con altri uomini?» Prima di tuo marito, hai avuto altri uomini?

MILENA: Mi sono sposata con mio marito a diciassette anni, quindi quali uomini? Avevo qualche fidanzatino …

GIACOMO: Qualche fidanzatino... Non sei mai stata innamorata di qualcun altro?

MILENA: Prima no. Un uomo ce l'ho avuto dopo, che c'è di strano? Dopo ho avuto un fidanzato, però questa storia è andata in fumo perché disturbata da mio marito che stava sempre in mezzo...

GIACOMO: Tuo marito ha avuto altre donne?

MILENA: Eh, sì, ne ha avute tante, però le ha sempre tenute nascoste, cioè, non ha mai avuto fidanzate ufficiali.

GIACOMO: Però tu lo sapevi, naturalmente.

MILENA: Lo sapevo.

GIACOMO: Va bene. Dunque, come vedi l'idea di avere altri uomini, di essere aperta a nuove conoscenze a nuove amicizie? Hai molti amici?

MILENA: Mah, in questo momento no. Mi sono proprio chiusa, ne avevo tante. Io sono molto solitaria. Probabilmente è vero ciò che hai detto tu; io ho raggiunto un mio benessere interiore nello stare da sola, però, siccome sono molto socievole, mi piacerebbe anche condividere alcune cose con un compagno, con degli amici, insomma, vivere una vita normale. Non chiedo mica troppo!

GIACOMO: Giusto, siete d'accordo con lei? Vivere una vita normale, piena di amici e… di uomini (sorridendo).

MILENA: Ma no, non piena di uomini! A me ne basterebbe uno, che sia, però, quello giusto.

GIACOMO: Ne basterebbe uno. Oh! È questo che volevo sentirle dire. Bisogna provocarle le persone! Ora mi dici che se deve arrivare un uomo, deve essere quello giusto.

MILENA: Quello giusto, certo! Dopo aver attesto per tutto questo tempo, ci mancherebbe pure che ne arrivasse uno sbagliato!

GIACOMO: Questo è il bello del cambiamento invisibile. È arrivata qui che aveva un gran confusione in testa, secondo me. Sei d'accordo?

MILENA: Decisamente sì!

GIACOMO: Sicuramente la situazione non è risolta completamente, però ora lei mi sembra molto più aperta alla possibilità di incontrare un nuovo uomo, una persona diversa. D'altronde è venuto da lei dire che le piacerebbe avere un nuovo compagno. Sei d'accordo, Milena?

MILENA: Eh sì...

GIACOMO: Quando vedete questo tipo di sorriso e di respirazione, è un ottimo "sì". Va bene. Ti ringrazio e ti faccio un mega-applauso!
****

Nella vita non troverai mai la persona perfetta che ti dica: «Io ho una convinzione limitante, mi aiuti a cambiarla?», credimi, non ti succederà mai. Quindi se farai il coach, o vorrai aiutare una persona amica o un parente, e ti capiterà, perché a tutti capita di voler aiutare qualcuno, ti serviranno delle attitudini, delle capacità, prima fra tutte l'attenzione per l'altra persona. Quando le persone parlano, esprimono esattamente i loro bisogni.

Hai notato come nella dimostrazione Milena sia partita raccontando la sua storia e facendolo abbia espresso tutti i suoi bisogni? Quando ho solo accennato alla possibilità di sganciarsi dalla situazione attuale chiedendole: «Hai mai pensato ad altri uomini?», lei è andata in tilt, perché ha avuto, magari per un attimo, la paura di perdere la situazione in cui si trovava, anche se magari non le piaceva più. Il figlio era diventato grande e quindi tutti i riferimenti per cui Milena aveva deciso di portare avanti questa storia, lasciando presente l'ex marito nella sua vita, a quel punto non avevano più senso, non erano più validi.

Il lavoro che ho fatto non è stato ovviamente quello del tavolino, perché non aveva senso, non era il tipo di situazione o di convinzione adatta a questo esercizio. È stato più un dialogo, una forma di coaching vero e proprio: domande per capire i bisogni, per estrarre le motivazioni, soprattutto per rendere lei consapevole della situazione, dei vantaggi e degli svantaggi, o più ancora dei bisogni che stava soddisfacendo con quella situazione. Appena l'ho tirata fuori dalla zona di comfort ha avuto paura di perdere quella situazione, che, per quanto difficile e impegnativa, fino ad allora le aveva dato tanto. Perché le ha permesso di dare felicità a un figlio, di essere soddisfatta di quello che stava facendo per lui, di avere accanto una persona che, in un certo qual modo, soddisfaceva il suo bisogno di sicurezza e di legame, creando però una dipendenza.

Le ho fatto cambiare percezione per un attimo, suggerendole: «Se non fosse questo, cosa potrebbe essere? Altri uomini?» e con una provocazione ho detto: «Ti regalo altri uomini». A quel punto lei, dopo essersi per un attimo turbata, è rientrata nella sua zona di comfort e ha visto la possibilità di poter stare con un altro uomo, infatti ha detto: «Mi piacerebbe condividere la mia vita con un nuovo compagno… ». Ma cosa le ha permesso di prendere in considerazione l'idea di un rapporto con un altro uomo? Il fatto che io, chiedendole se le era mai capitato di avere altri uomini, l'ho messa in uno stato in cui aveva già vissuto quello che le stavo proponendo.

Nella Nuova Legge di Attrazione il cambiamento inizia con un primo minimo passo; lo è già solo l'idea di visualizzare una situazione nuova. Se ti capiterà di aiutare qualcuno a sconfiggere una sua convinzione limitante, applica lo stesso schema che ho usato io, ossia crea un attimo di tensione proponendo una situazione diversa dall'attuale: «Cosa pensi accadrebbe se non ti trovassi in questa situazione ma piuttosto in quest'altra?», poi cerca di far recuperare dal passato un'esperienza analoga già vissuta: «Ti è mai capitato di avere altri uomini?»

Ciò permette di riacquistare risorse che si hanno già dentro di sé. Già con un normale dialogo puoi estrarre molti stati d'animo. Nel mio libro *PNL Segreta* si apprende come farlo, con domande come: «Ti è mai capitato di...?», per poter rievocare una situazione in cui si è già vissuto quello stato d'animo.

SEGRETO n. 40: il cambiamento inizia con un primo minimo passo, come può essere, ad esempio, quello di visualizzare una

situazione nuova nella quale potremmo trovarci modificando la nostra convinzione.

Non è un lavoro facile, perché le persone non sono tutte uguali, non seguono schemi, non hanno una sola idea. Su ognuno di noi influiscono molte componenti diverse, spesso complicate: dolori passati, dolori temuti, ansie. Ciò che ti consiglio di fare è di esercitarti molto. Ad esempio, analizza le tue convinzioni disegnando il tavolo, scrivendo sul piano quella che, tra le tante, decidi di prendere in esame e sulle quattro gambe i riferimenti più importanti di essa. Poi domandati se quei riferimenti sono ancora validi, se hanno ancora un senso e soprattutto quanto ti sono costati sino ad oggi. Questa convinzione limitante, quanta sofferenza ha portato nella tua vita? E quanto dolore causerebbe in futuro a te e ai tuoi figli? È importante chiederselo.

C'è un film che mi viene in mente a questo proposito, mi riferisco a *S.O.S. fantasmi*, tratto dal racconto di Charles Dickens *Il canto di Natale*, in cui un uomo molto avaro, abituato a trascorrere da solo il Natale perché nessuno ormai vuole stare con lui, la notte di Natale riceve la visita di tre fantasmi. Il primo fantasma è quello del passato, che lo porta a rivedere i Natali trascorsi da bambino e da adolescente quando era già schiavo delle sue convinzioni; quanta sofferenza gli hanno procurato nel passato? Poi il fantasma del presente lo porta nelle case dei suoi amici e dei suoi parenti e fa vedere come anche loro ormai lo disprezzino. E infine arriva il fantasma del futuro, che gli fa vedere quanto questo suo modo di essere, questa sua identità, questo suo atteggiamento mentale, possa causare dolore anche nel futuro, a lui e ai suoi discendenti. Poi, tornato nel presente, dopo aver rivissuto le sofferenze del passato e quelle del presente, e aver realizzato che il futuro non sarebbe stato migliore, il protagonista capisce che è arrivato il momento di cambiare, e finalmente trova lo stimolo giusto per farlo e modificare il suo atteggiamento nei confronti degli altri e di se stesso. Anche in questo caso il cambiamento nasce dalla sofferenza.

Quando ti eserciti, scegli una convinzione non particolarmente complicata, e una volta abbattuta quella limitante, sostituiscila con una potenziante. La mia convinzione di essere timido, ad esempio, l'ho sostituita con quella di essere sicuro di me. Cerca quindi i riferimenti della tua nuova convinzione, facendoti domande come: «Mi è mai capitato di essere stato sicuro di me? Cosa mi è successo in quell'occasione?» Se ad esempio il senso di sicurezza nel passato l'hai vissuto durante un colloquio di lavoro, disegna un nuovo tavolino sul cui piano scriverai la convinzione potenziante «sono sicuro» e su una delle gambe il tuo riferimento «colloquio di lavoro», e così via. Può succedere che alcune convinzioni non si riescano veramente a smontare, perché in fondo sono necessarie; in quei casi il lavoro che si fa è più che altro sulla consapevolezza, sulla comprensione, cioè, dei motivi per cui quella convinzione, per quanto negativa, è importante, dei bisogni che essa soddisfa.

Per quanto limitanti, molte convinzioni ci sono servite o ci servono a soddisfare dei bisogni e quindi prima di toglierle modificandole da limitanti in potenzianti, dobbiamo capire quali sono i vantaggi secondari che ci offrono. Solo una volta che abbiamo trovato un'alternativa alla soddisfazione di quei bisogni possiamo cambiare la convinzione e trasformarla in potenziante.

SEGRETO n. 41: anche le convinzioni limitanti corrispondono a un bisogno, per cui prima di modificarle

dobbiamo analizzarne i vantaggi secondari e poi eventualmente sostituirle con convinzioni potenzianti che li mantengano.

Non è mai troppo tardi per cambiare. A proposito del cambiamento Anthony Robbins ha detto una frase bellissima: «Non è mai troppo tardi per avere un'infanzia felice», che ti fa capire che in fondo è tutta questione di percezione, perché qualunque cosa sia successa nel passato o abbiamo paura che succeda nel futuro è soggettiva, possiamo modificarla. Prendi in mano la tua vita e, se decidi di cambiare, fallo subito. Lo puoi fare, devi solo agire. In questa guida abbiamo visto come tutto quello che facciamo, le cose che amiamo e quelle che odiamo, nonché tutte le decisioni che prendiamo, rispecchino la soddisfazione dei sei bisogni fondamentali: sicurezza, varietà, importanza, legame e poi crescita e contributo, i due valori spirituali.

Ma poiché i bisogni sono uguali per tutti, cosa sarà che fa la differenza? Come puoi motivarti verso una cosa che non ti piace? Di solito io dico: «Fai ciò che ami fare, perché sicuramente avrai successo, perché nascerà dalla tua passione». Ma quando non è possibile, allora ti dico: «Ama ciò che fai». E l'unico modo per poterlo fare è cambiare la percezione di quello che fai, ovvero le convinzioni che sono dietro al tuo lavoro, alla tua famiglia, a tuo marito, ai tuoi figli. Se cambierai le tue convinzioni modificherai non solo la tua vita, ma anche il tuo destino. Non dobbiamo darle per ovvie, le convinzioni: le abbiamo apprese dalle nostre esperienze o da quelle altrui, ce le ha trasmesse l'ambiente culturale e sociale in cui abbiamo vissuto, e spesso sono state confermate dal nostro stesso comportamento. Ma non sono immutabili.

Renditi consapevole delle convinzioni che hai, limitanti o potenzianti che siano; metti in dubbio quelle limitanti e mantieni quelle potenzianti. Ricorda lo schema del ciclo del successo, perché questo è il fondamento di tutto il corso contenuto in questa guida. Se hai una convinzione potenziante, ti sentirai bene, accederai a grandi risorse, agirai, ti darai da fare e otterrai risultati straordinari, e questo rafforzerà sempre più la tua convinzione.

Ma vale anche il contrario: se hai una convinzione limitante, per quanto possa essere utile per soddisfare chissà quale bisogno, essa ti porterà alla rovina, all'insuccesso; non ti sentirai bene, non avrai risorse a disposizione, non agirai o lo farai in maniera sbagliata, non otterrai grandi risultati e sarai sempre più convinto di essere fatto male e di non poter cambiare, che è un'ottima scusa per rimanere nella tua zona di comfort e non uscirne mai.

SEGRETO n. 42: puoi sempre cambiare le tue convinzioni, mantieni le potenzianti e metti in dubbio le limitanti.

Gli argomenti affrontati in questa guida sono molto profondi e più impegnativi rispetto a quelli di altri corsi, come ad esempio quello di *Comunicazione* o di *Persuasione*, perché qui affrontiamo qualcosa di intimo, di personale. Certe convinzioni sono radicate e ritenute oggettive nella nostra vita. Ma è proprio per questo che ti invito a continuare a fare esercizi e a mettere in dubbio tutto quello che ti dici ogni giorno, perché il nostro dialogo interiore ci dice solo cose belle ma anche cose limitanti, come ad esempio: «Non ce la posso fare», e la verità invece è che ce la puoi fare in ogni occasione.

RIEPILOGO DEL GIORNO 7:

- SEGRETO n. 38: immagina che la tua convinzione sia il piano di un tavolo; i sostegni su cui esso poggia sono i riferimenti della tua convinzione; è su di essi che devi intervenire, se vuoi modificarla.
- SEGRETO n. 39: possiamo essere spinti a cambiare una nostra convinzione dal voler andar "via da" qualcosa di negativo o "verso" qualcosa di positivo.
- SEGRETO n. 40: il cambiamento inizia con un primo minimo passo, come può essere, ad esempio, quello di visualizzare una situazione nuova nella quale potremmo trovarci modificando la nostra convinzione.
- SEGRETO n. 41: anche le convinzioni limitanti corrispondono a un bisogno, per cui prima di modificarle dobbiamo analizzarne i vantaggi secondari e poi eventualmente sostituirle con convinzioni potenzianti che li mantengano.
- SEGRETO n. 42: puoi sempre cambiare le tue convinzioni, mantieni le potenzianti e metti in dubbio le limitanti.

Conclusione

Hai concluso la lettura di questa guida e con ciò hai già compiuto il primo passo per applicare la Nuova Legge di Attrazione; ora è necessario che tu continui con le tue scelte e le tue pianificazioni. Ricorda: il modo più giusto per impiegare il tuo tempo è dedicarti alle cose importanti, come i tuoi sogni e i tuoi obiettivi a breve, medio o lungo termine, e non alle questioni urgenti, in modo da avere il tempo di pianificare, progettare, sviluppare relazioni importanti. Meglio poche ma buone; meglio avere pochi amici con standard alti che averne tanti con standard bassi, o che cercano di tirarti giù o di limitarti, di frenarti.

Tieni sempre a mente l'idea dello stato attuale e dello stato desiderato, perché è veramente fondamentale. Quando incontri una persona che vuole raggiungere un obiettivo, falle tre domande: «Cosa vuoi veramente? Dove sei adesso? In che modo puoi raggiungere quello che vuoi?» Tutti possono essere coach semplicemente con queste tre domande, che si riferiscono allo stato attuale, allo stato desiderato e alle risorse per raggiungere lo stato desiderato.

Fallo innanzi tutto su te stesso, prima che sugli altri, verifica come funziona e quanto è impegnativo, in modo che se un giorno lavorerai con altre persone, potrai comprendere fino in fondo cosa provano e quali possono essere le problematiche. Facendo le dimostrazioni ci si rende conto che non sempre tutto fila liscio, si può passare da una convinzione a un'altra o scoprire che dietro un obiettivo c'è un'identità radicata e basata su convinzioni che si tramandano di generazione in generazione.

Hai visto anche che possono intervenire tante paure, come per esempio quella di perdere amici o di non poter più soddisfare alcuni bisogni nel momento in cui si raggiunge un obiettivo. Ed è in questo caso che, spesso, si cade nell'auto-sabotaggio. Ricordati però che c'è sempre un altro modo per soddisfare quei bisogni.

E sono sicuro che, se proseguirai deciso per la tua strada, verso i tuoi obiettivi, non otterrai altro che ammirazione, anche da parte della tua famiglia, dei genitori o dei figli. Quindi ascolta i consigli, i commenti, le critiche di tutti, anche di chi ti vuole limitare, ma al tempo stesso dimostragli che davanti a una sfida non ti fermi, che non lo vedi come un fallimento, ma che anzi prosegui più convinto nella tua direzione. La Nuova Legge di Attrazione ti permetterà di ottenere quello che vuoi: obiettivi, risultati e anche la stima degli altri.

Buona Attrazione!

Giacomo Bruno & Viviana Grunert

www.brunoeditore.it

www.ingramcontent.com/pod-product-compliance
Ingram Content Group UK Ltd.
Pitfield, Milton Keynes, MK11 3LW, UK
UKHW021904190726
13853UKWH00002B/510